青春文庫

昭和史の現場

東京をめぐる新たなる謎の発見

太田尚樹

JN168293

青春出版社

はじめに

世の中には、身近なところに意外なものがあるものだ。もう二十年以上も前のことになるが、東京駅発着の湘南電車をいつも利用していた私は、〝あるもの〟に気が付きはじめた。八番線ホームの中央階段を下り、八重洲口方向に数メートル回り込んだ白い床の上に、一枚だけ色の違うタイルが目についたのである。薄茶《うすちゃ》の菱形《ひしがた》に近い矩《く》形《けい》の真中には金色の環《わ》がはめ込まれ、中央に一辺が二センチほどの六角形をした白い大理石が打ち込んである。そこは、時の首相浜口《はまぐち》雄幸《おさち》の遭難現場だと知ったのは、それから間もなくのことだった。

昭和に入って初めての総理大臣襲撃事件だったのだが、この頃から日本が急激に暗闇の中に落ちていったことを考えれば、極めて大きな出来事であった。歴史の転換になるような事件の現場が、身近なところにあると知れば、誰にとっても衝撃である。「遺体は語る」は法医学の常識だが、私は姿形が見えない「事件現場もまた雄弁《ゆうべん》な語り部」だと知るようになったのである。

時空間を越えて歴史上の出来事や事件の現場に佇《たたず》み、そこに過ぎた時間を手繰《たぐ》り寄《よ》せながら、人間たちが刻んだ生きた証《あかし》を通して、現代という窓の中からそれはどう見えるのか。当時の人間たちが何を望み、何を考え、どう行動したのか。そこに刻印された事実の意味を、もう一度問い正す試みである。

昭和の東京は、度々《たびたび》思わぬ出来事やドラマチックな事件の現場になってきた。国家の中枢機関と権力が集中していたのであるから当然とはいえ、東京はまさに昭和史の表舞台であった。

大事件の現場には、今も当時の姿をそのままとどめているところもあるが、姿形は変っていても、残《のこ》り香《が》と残影《ざんえい》を求めて昔を偲《しの》ぶ場にはこと欠かない。そこには当時の日本人、ときには外国人たちが残していった荒い息遣《いきづか》いや、言い尽くせない情念が刻印されているからである。

そこで東京の昭和史探索の起点は、東京駅からはじまる。

昭和史の現場——東京をめぐる新たなる謎の発見＊目次

カバー写真提供■毎日新聞社
本文写真提供■毎日新聞社
日露歴史研究センター
著者
DTP■フジマックオフィス

1

東京駅の物語

開業百年の駅が見た昭和という時代

空襲によって破壊された東京駅（終戦直後）

■百年の歴史を積み重ねた駅

松の緑の深い木立《こだち》の向こうに、おごそかな白壁が映《は》える皇居を背にして、坂下門《さかしたもん》から和田倉門《わだくらもん》まで来ると、ハッと息を呑む光景と出会うことになる。

二十一世紀の今、「坂の上の雲《の》」を見つめて登って行ったら、十九世紀の「近代」にシフトバックされた姿がパッと目の前に開けていた、といった感じなのである。行く手の正面に、重厚な赤煉瓦《れんが》と漆黒《しっこく》の石板の屋根があたりを威圧している東京駅だ。

道行く人は、それだけ見ても明治がどんな時代であったか、思い知らされることになる。周囲に林立《りんりつ》する、直線と鋭角のガラス質・金属質の部材が織《お》りなす近代建築の群れを寄せ付けず、超然と佇《たたず》む姿は、えも言われぬ威厳《いげん》に満ちていて、力強い明治の西洋が健在であることを物語っている。

通り過ぎていく現代人の足を、ふと立ち止まらせる不思議なオーラが今も健在なのは、しっかりと根を張った明治の確かさ故だろう。そこでは、近代化にかけた明治の人間が抱いた熱いメッセージを、今も送りつづけているように見えるのである。

だが英国をしっかり見てきた夏目漱石《なつめそうせき》もこの駅を利用した一人だが、近代の危《あや》うさに警鐘《けいしょう》を鳴らしつづけた冷めた作家の目には、どう映ったのか。日英同盟締結に、

「遂に一等国へ仲間入り」と浮かれる日本の行く末に、不安を抱いていた漱石。

彼はロンドンの街の日本人だけでなく、祖国から伝わってくる空騒《からさわ》ぎもよほど苦々《にがにが》しく思ったらしく、妻鏡子の父に宛てた書簡に、こう認めている。

《かくの如き事に騒ぎ候は、あたかも貧人が富家と縁組を取結びたる喜しさの余り、鐘太鼓を叩きて村中かけ廻る様なものにも候はん。》

現在の東京駅

さらに小説『三四郎』の中でも、「日本も日露戦争に勝って、これから伸びるでしょう」と主人公が車中で知り合った広田先生に話しかけた際、先生の口から、「いや、滅びるね」と言わせているのである。そして広田のこの予言は三十八年後、昭和二十年八月に的中する。

そんな漱石であるから、東京駅を目の前にして、「いずれ外圧に耐えられなくなる日の到来」への予感を、いよいよ強くしたに違いないのである。

という具合に、視点と視覚によって、様々な感《かん》慨《がい》を抱かせる十九世紀の「近代」であり、それを象徴する建造物が東京駅である。
もっとも東京駅が完成し、開業したのは大正三年（一九一四）のことだった。それでも皇居の真向かいに「中央停車場」を建設する計画を立ち上げ、辰野金吾《たつのきんご》の設計によって建設準備に入ったのはそれよりもずっと早く、明治二十九年（一八九六）の第九回帝国議会ですでに可決されたときに始まっている。ときの総理は伊藤博文《いとうひろぶみ》であった。

ところが折から始まった日清戦争と、それにつづく日露戦争により国家予算が逼迫《ひっぱく》して着工が遅れ、本格的な工事が軌道に乗ったのは、日露戦争が終わった明治三十九年（一九〇六）のことである。

日清、日露戦争に勝利した時代のうねりと歓呼《かんこ》を背に受けて、建設に向けた息吹《いぶき》はいよいよ高まったであろうことは、容易に想像がつく。

さらに本格的工事の再開に当って、当初の二階建ての駅舎は、急遽《きゅうきょ》三階建に変更された。〝大風呂敷〟の異名をもつ時の鉄道院総裁後藤新平《ごとうしんぺい》の、「一等国になったのであるから、二階建では小さすぎる」の一声で予算が付けられ、実現したのだそうだ。

それはともかく、東京駅は近代化を目指してきた明治政府、右肩上がりの明治という草創《そうそう》の時代が創り出した動の起点と終着点のシンボルとして、人々の悲願が結集された作品であった。静から動へ。まさに新時代が生みだした生命の躍動《やくどう》である。

完成直後の東京駅周辺の写真を見ると、人力車《じんりきしゃ》で乗り付ける二百三高地《にひゃくさんこうち》巻《まき》の髪型をした婦人、着物姿にシャッポをかぶった紳士、商店の手代《てだい》と思われる、鳥打帽子《とりうちぼうし》に半纏《はんてん》、股引《ももひき》姿の若者が大きな風呂敷包みを抱え、荷馬車《にばしゃ》の合間《あいま》を急いでいる。現代人には懐《なつ》かしい光景である。

そして創業以来この駅は、「東京駅物語」が語れるほど、多くのエピソードを積み重ねてきた。

建造物としての東京駅が辿《たど》った命運《めいうん》で特筆《とくひつ》すべきなのは、関東大震災ではまったく被害がなかったことだ。江戸の庶民文化の名残《なご》り、明治以後の人間のひたむきさや英知をあざ笑うかのように、東京の下町を灰燼化《かいじんか》せしめたあの大震災でも、超人的生命力をみせたのである。

記録によると、銀座界隈も震災で焼野原《やけのはら》になったというから、これはまさに江戸の終焉《しゅうえん》である。

あのとき、自分の心を預ける場所を失った人々に、東京駅が近代文明の強靭《きょうじん》さを示した意味は大きい。東京駅だけではない。日比谷公園の向いの帝国ホテル、日本橋日本銀行本店も健在だった。もっとも日銀本店は付近の大火災の類焼《るいしょう》を受けてシンボルの丸屋根は焼け落ちたが、本体はびくともしなかったという。

皇居を望む東京駅丸の内側は、明治の初めは陸軍の軍用地で、一面ススキの原野であった。明治政府から押し付けられて買い取った三菱の二代目社長・岩崎弥之助《いわさきやのすけ》（創業者岩崎弥太郎《いわさきやたろう》の次弟）は、「あんな荒れ地をどうするつもりだ」といぶかしげな周囲に向かって、「なあに、そのうち竹を植えてトラでも飼うさ」と、うそぶいたそうだ。

だが瞬《また》く間に丸の内一帯はロンドンのビジネス街をめざして、三菱一号館を皮切りに、赤煉瓦のビルが林立する「三菱村」になってしまった。二代目三菱総帥がもらした豪語には、企業家のしたたかさが鼻につかぬわけではないが、それでもダイナミズムの時代と、明治人の起業魂の結晶《けっしょう》であった。

これらの建物も、関東大震災では健在ぶりを遺憾《いかん》なく発揮した。これで日本人は、「ハイカラ」のような単なる西洋風の衣装や作法への憧《あこが》れから、「石と鉄骨の堅牢《けんろう》さ」「美的創造物」「機能性」を通して、あらためて西洋文明への信頼感をもつことになった。

だが天災に強い明治の西洋式建造物も、人災には勝てなかった。昭和二十年五月二十五日の空襲で、東京駅は爆撃を受けることになる。

この日、日本人の知恵と技術が生んだ東京駅には、丸の内側の降車口付近に焼夷弾《しょういだん》が命中して大火災となった。煉瓦造の壁とコンクリートの床でできた本体は残ったが、南北のドーム部が焼け落ちてしまったのである。

そして迎えた敗戦。かつて夏目漱石が鳴らした警鐘は、この年、昭和二十年八月十五日に、現実の姿となったのである。

それまで空襲を免れていた山の手一帯に四七〇機ものB29が来襲し、このとき皇居の宮殿も焼け落ちたが、東京下町を襲った三月十日の大空襲に次ぐ規模であった。

因《ちな》みに三月十日は日本では陸軍記念日。五月二十五日の場合は、米側は当初二十七日の海軍記念日を狙っていたが、気象の関係で二日早めたというから、心憎《こころにく》い心理作戦というほかはない。

それでも五月二十五日の空襲では、三菱村のビルの多くが英国人建築家コンドルの作品であったために被災を免れた。帝国ホテルはアメリカの建築家フランク・ロイド・ライトの作品だったし、東京大学にはアメリカが多額の基金を寄贈していたことから、爆撃のターゲットから外されたといわれる。

となると、ほかの西洋館の多くも爆撃を免れたのは、欧米人が建築にかかわっていたためとみられる。日本の近代化に彼らの先祖が手を貸した痕跡《こんせき》を、自ら葬《ほうむ》り去《さ》る愚《ぐ》は冒したくなかったようである。

戦後、進駐軍の後押しを受け、東京駅は三角屋根の天辺《てっぺん》を落とした形となって復旧し、それまでの三階建は二階建になった。これが、戦後われわれが見慣れてきた東京駅の姿である。

だが昨今、失われた二つのドームも含めて、創建当時の形に戻す復元工事が完成した。現代に合った機能性を保ちつつ、全体を元の姿に戻す思考は、ノスタルジアの世界への回帰というよりは、偉大だった明治への信頼感が為せる業だろう。

明治という時代は、昭和二十年の日本の敗北を運命づけてはいた。その意味では、日本の破綻《はたん》の責任の一端を、明治は負っていたことになるが、それでも昭和、平成の日本人の、生真面目《きまじめ》さという美点はいささかも揺《ゆ》るぎそうにない。

近年、「坂の上の雲」の登場人物たちに人気が集まった現象は、彼らの熱い志と英知こそ、目標と自信を失いかけた現代という時代が求めているからに違いない。

昨今の東日本大震災とそれにつづく不安定要因を抱えながら、生真面目な日本人は、ひたすら前を向いて歩きだした。かつて幾多の災難を乗り越えてきた東京駅は、新たな指南書としての価値を、見出す存在であるに違いない。

■新時代の出発点

些《いささ》か明治に寄り道し過ぎたが、昭和が辿《たど》った東京駅を見ていくことになる。

昭和元年は一週間しかなかったが、昭和という激動の時代は、京都御所《きょうとごしょ》の紫宸殿《ししんでん》で執《と》り行われた古式《こしき》ゆかしい「即位の大典」で始まった。以後の「暗黒の昭和前期」を振り返ると、私たちが幻の中に見た華麗な大絵巻だったのだ。それはともかく、新時代の到来を祝うおごそかな儀式も、東京駅から始まった。

和田倉門前の奉祝塔の間を通り東京駅に向かう馬車列

大正天皇の喪《も》が明けた昭和三年秋十一月六日。記録によると、夜が明けはなたれた東京の空は、前日までのぐずついていた天気がまるで嘘のように、どこまでも蒼《あお》く澄み渡っていた。当日の朝日新聞号外は、「誠にめでたき行幸日和」と報じている。

そして朝七時。四日後に京都御所で執り行われる即位の大典のため、三種の神器を奉じた賢所御羽車と呼ばれる、十七人の駕輿丁《ちょう》に担《かつ》がれた華麗な神輿《みこし》が、古式ゆかしい装束《しょうぞく》の祭官たちと近衛騎兵《このえきへい》に守られて静々《しずしず》と二重橋《にじゅうばし》を渡り、坂下門《さかしたもん》を出た。その後につづく、金色に輝く菊の紋章が入った六頭立ての黒塗りの馬車には大元帥装束の天皇が乗り、さらにその後ろには四頭立ての皇后の馬車がつづいた。

そこから和田倉門をへて、東京駅正面玄関までの沿道には、三日も前から莫蓙《ござ》にかしこまって待ち構えていた十数万の人々が、ある者は息《いき》を呑《の》み、あるものは手にした日の丸の小旗を力いっぱい振って、見送ったという。この大通りは、いまも「行幸通り」と呼ばれるが、もとを辿ればこの時からである。

行列が向かう赤煉瓦の東京駅正面には、近衛連隊の将兵、参謀本部や陸軍省の将官、佐官、海軍礼装の将官たちが、一糸《いっし》乱《みだ》れぬ姿勢をとって整列していた。

馬車から降りた天皇は、見送る彼らから陸海軍の頂点に立つ大元帥陛下、現人神《あらひとがみ》と仰ぐ熱い視線を背中いっぱいに受けると、東京駅駅長の先導《せんどう》で、普段は固く閉ざされている駅正面の特別出入口の奥に、皇后、三種の神器とともに静かに消えた。

このときから、神話化された天皇を戴《いただ》いた軍部が政治の主導権を握った日本は、激動の歴史を東京に、大陸に刻印《こくいん》していくことになる。

■その後の東京駅

満洲事変《まんしゅうじへん》、満洲国建国をへて大陸へ大陸へと奔《はし》る日本の行方に、ある者は熱に浮かれ、ある者は不安を隠せないでいたこの頃。いつも見慣れていた東京駅が、物々しい雰囲気に包まれている光景を見て、いぶかしく思った人は少なくなかった。

昭和十年四月六日、三番線ホームにお召列車で着く満洲国皇帝溥儀《ふぎ》を、天皇自ら出迎えに出ていたからである。日満一体を内外に演出する晴れの舞台の第一歩が、ここ東京駅だった。

このときのシーンは、ニュース映画でお馴染《なじ》みだが、面白いシーンがカットされていた。列車から降り立った溥儀が近寄ろうとすると、天皇は思わずニッコリしてしまったのである。

いまなら却《かえ》って人間味が溢《あふ》れている好シーンなのだが、当時は現人神が笑ってはならなかった。没になった静止画像の方は、それでも戦後になって公にされると、当時が如何《いか》に窮屈《きゅうくつ》であったかを、あらためて思い知らされることになる。

窮屈な時代でいえば、天皇が眼鏡をかけていることも、側近や陸軍から「神にしては生々しすぎる」として、以前から不評だった。「神聖化」こそ、近代国家の君主を覆《おお》い隠してしまう万能の装置として機能していたからである。

それはともかく、この日、三番ホームでは、歩み寄る溥儀に天皇から手を差し伸べて、固い握手が交わされた。「満洲は日本の生命線」といわれたように、満洲こそ戦前の昭和史のメイン・テーマであったが、日本の天皇と満洲国皇帝の握手を、新聞は「日満が真に一体化した瞬間」と書いた。

■戦争の時代へ

駅は時代の変化を敏感に演出する。日中戦争が泥沼化していくと、東京駅では兵士を満載した軍用列車が、打ち振る日の丸の小旗の波、家族・縁者の熱い眼差《まなざ》しと歓呼《かんこ》に送られて出て行く光景がめずらしくなくなってしまった。

そして昭和十六年晩秋《ばんしゅう》の日米開戦前夜、私服姿の連合艦隊司令長官山本五十六《やまもといそろく》が、四番線から特急「富士」で密かに艦隊泊地《はくち》、瀬戸内海の柱島《はしらじま》に向かったが、一年半後、遺骨となって帰ってきたのもこの駅であった。

東京駅丸の内側正面に、ひときわ高い車寄せの天井の奥がひっそりと覆《おお》い隠《かく》されている不思議な通用門があることを御存じだろうか。左右の丸みを帯びた縁石《えんせき》が緩《ゆる》やかなカーブを描きながら、流れるように奥へ導いていく特別中央口である。

戦艦「武蔵《むさし》」で横須賀に無言《むごん》の帰還《きかん》をしてきた遺骨を乗せた特別列車が、遺族や関係者が多数出迎える東京駅四番線ホームに着くと、普段は閉ざされてひっそりとしているこの特別中央口から出て、迎えの海軍省の車で式場の水交社《すいこうしゃ》に向かっていった。

現役の連合艦隊司令長官の無言の帰還に、東京駅は太平洋戦争の行方にとてつもなく暗い影を落とす、敗戦への序曲《じょきょく》を奏《かな》でることにもなったのである。

その光景を垣間見《かいまみ》た私の父は、「あのシーンは衝撃的だったなあ」と言っていた。多くの人が、このときを境に、この戦争は勝てないのではないか、と思うようになったそうだ。

■テロの現場

現在、一日に百十万を超える乗降客が往き来する東京駅も、深夜に人通りが絶えると、気味の悪い悲鳴《ひめい》や微《かす》かなうめき声が聞こえると、噂が立ったことがある。東京駅は松本清張《まつもとせいちょう》の推理小説『点と線』の舞台にもなったが、普段われわれが何気なく通り過ぎている都会の雑踏《ざっとう》の中にも、意外な死角《しかく》があるのだ。

もともと駅やホームは離合集散《りごうしゅうさん》の起点で、だれでも自由に出入りできる場所。狙われた人間の側に隙《すき》ができる危険地帯でもあるから、そこがテロリストには好都合な場になってしまう。ましてや東京駅は出発・到着の起点であるから、悲劇の現場に早変わりする弱点を持ち合わせていることになり、それは宿命でもある。

とくに中央通路はいつも人がせわしく行き交っているから、ほとんどの人は気が付かないが、七番線と八番線への上り下り階段の、中央通路案内係の近くにある丸くて白いタイル張の柱に、プレートがはめ込まれている。「浜口首相遭難現場」と記してあり、九行にわたってその経緯が記されている。昭和五年十一月十四日、総理大臣浜《はま》口《ぐち》雄《お》幸《さち》が、四番線ホームで暴漢にピストルで狙撃されたのだ。

さらに白い柱から四メートルほど離れた床には、「まえがき」でも触れたように薄《うす》茶《ちゃ》の菱形《ひしがた》の石板の真中に、白い六角形の大理石の印が打ってあり、そこが狙撃された場所とされている。

だが実際には、当時の現場のプラットホームは上階にあり、駅構内の線路配置換えで当時の四番線が撤去されたため、その真下に当たる通路の一角に刻印が打たれた。現在「遭難現場」とされている場所に立つと、天井の真上あたりが本当の現場だったことになり、東海道線の熱海《あたみ》・修善寺《しゅぜんじ》方面行き列車が発車する十番線の柱番号「8」のあたりになる。

この日午前八時五十八分、岡山県下で行われる陸軍特別大演習を参観することになっていた浜口は、九時発特急「つばめ」の一等車に向かってホームを歩いていた。

そのとき突然銃声がして、腹部を撃たれた浜口はその場にうずくまる。駆けつけた医師の応急手当を受けると、すぐに東大病院で手術を受けたが、瀕死《ひんし》の重傷であった。

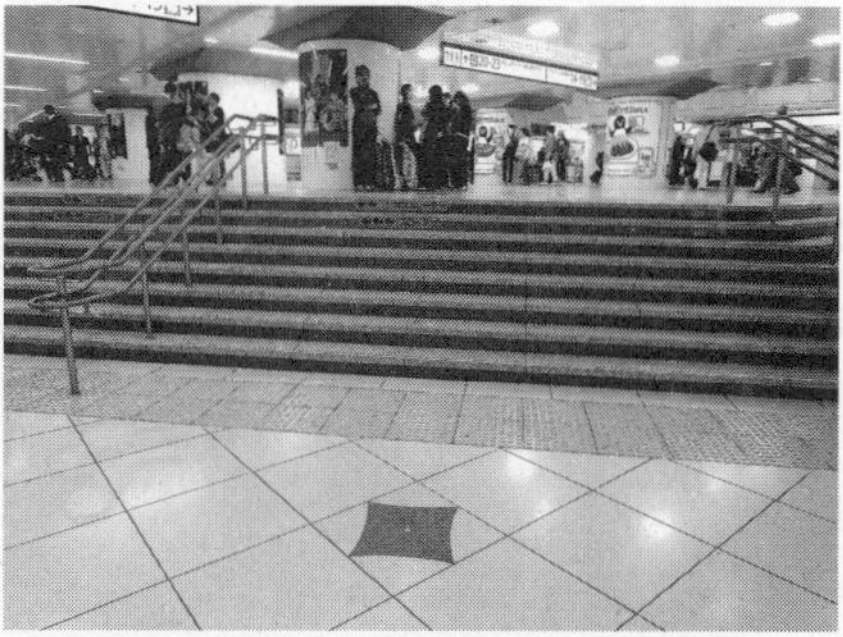

浜口雄幸首相が狙撃された東京駅の床にのこる菱形の石板

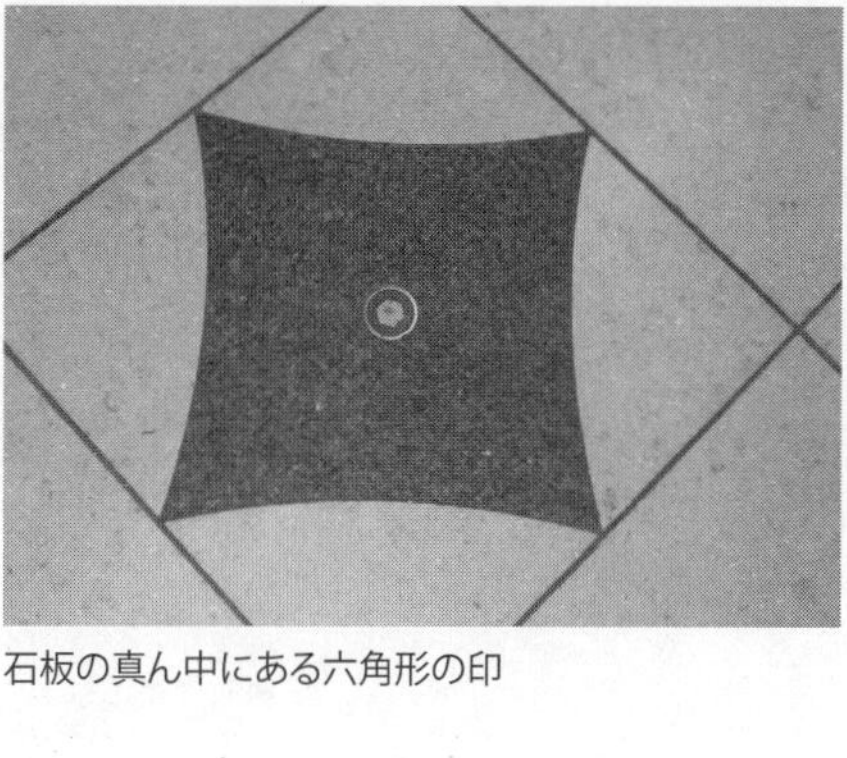

石板の真ん中にある六角形の印

犯人は玄洋社《げんようしゃ》系右翼団体「愛郷会」の佐郷屋留雄《さごやとめお》。立憲民政党の浜口内閣が、ロンドン条約批准問題で軍部のゴリ押しに抵抗したことに腹を立て、凶行におよんだのだという。

かろうじて一命を取り留めた浜口は、「男子の本懐《ほんかい》なり」と言ったが、明治の男の気骨《きこつ》溢れるこのフレーズが、以後、もてはやされた。

だが一時は快方に向ったものの、浜口は翌昭和六年八月二十六日、この傷がもとで死去してしまう。

そして当の犯人の思想なるものにはオチがつく。「浜口は畏《おそ》れ多《おお》くも陛下の統帥権《とうすいけん》を干犯《かんぱん》した。だから当然のこととしてやった」と主張したが、検察官の「では統帥権の干犯とは何か」という質問には、しどろもどろで答えられなかった、というお粗末ぶりを発揮する。背後にいる勢力のロボットだったのだ。

佐郷屋には昭和八年（一九三三）死刑判決が出たものの、翌年には早くも恩赦で無期に減刑、開戦前の昭和十五年に仮出所で社会に出た。その後は戦中、戦後を通じて右翼活動したが、「浜口の首を取った男」として、その世界では幅《はば》を利《き》かせていたらしい。

裁判所も軍と右翼の威力の前には無力に等しく、またそれを社会が許してしまう空気があったということである。

あるいは、事件の一年半後に起きた、首相官邸で犬養《いぬかい》毅《つよし》総理が暗殺された五・一五事件では、軍人の犯行であったために軍法会議で審理されたが、その量刑とバランスを取ったとも考えられる。

時代は少し遡るが、東京駅にはもう一つ現役総理の遭難現場がある。大正十年（一九二一）十一月四日に原敬《はらたかし》が刺殺された場所で、丸の内南口改札の左手、現在は切符販売機が並んでいる左横の壁に、「原首相遭難現場」の碑文《ひぶん》がある。そこから一メートル離れた床の、黒い輪の中に打たれた小さな白い六角形の石が、現場である。

私は東京駅で下車するときは、たいていこの改札口を利用していたが、事実を知ったのは、今から十年ほど前のことである。駅の死角とはいえ、時の最高権力者がこんなありふれた場所で暗殺されるとは意外だなあ、というのが実感であった。

なるほど、普段ならあり得ない場所が、テロや事故のスポットになるらしい。人は家を出てから帰宅するまで、七人の敵に遭遇するといわれるが、ある警察関係者が、「普段なら起こり得ないことが起きるから、事故やテロというのです」と、言っていた。それ以来、東京で起きた大事件の現場に、私は関心をもつようになってしまったのである。

だがこの事件は、関東大震災の二年近く前のことだった。マルキシズムや白樺派《しらかばは》運動のような体制の否定、国家よりも個々の人間に価値を置いた新しい思想が入り込んできた大正デモクラシーといわれる時代の出来事だ。だが通常いわれるような、甘味でソフトな時代かといえば、関東大震災、治安維持法に代表されるように、激動の時代はすでに始まっていたのだ。

したがって原敬暗殺事件に、心ある者は、暗い時代の到来を感じ取っていたに違いないのである。

この事件の犯人は鉄道省山手線大塚駅職員の中岡艮一《こんいち》であった。この日の夕刻、原は京都で開かれる立憲政友会京都支部大会に出席するために改札口へ向かっていたところ、突然突進してきた男に短刀を右胸に突き刺され、駅長室に運ばれ手当てを受けたが、ほとんど即死状態であった。

中岡の供述によれば、原は普通選挙法に反対したり、疑獄事件が連続したことで、内閣が財閥寄りであることに不満を抱いていた。

だが一説には、背後に玄洋社系右翼団体の存在が指摘されたり、中には一風変わった見方もあった。犯行の一ヵ月前に職場で政治議論になった折、上司が、「今の日本では武士道精神が失われている。政治家も悪いことをした時には、武士道にのっとって腹を切るべきだ」

と言ったところ、中岡は、

「なら私が原を斬ります」

と応えたという。

東京駅の切符販売機横の壁にある
「原首相遭難現場」の碑文

上の碑文近くの床に打たれた刻印

中岡が「腹」を「原」と勘違いしたというわけだが、その上司は、殺人教唆《きょうさ》の疑いで逮捕された。その後懲役十二年が求刑されたが、判決では無罪になっている。

中岡には死刑の求刑に対して、東京地裁で無期懲役の判決であった。その後の大審《だいしん》院《いん》でも判決は支持されて刑が確定した。

原敬暗殺は謎の多い事件ではあったが、その後の処遇も謎だらけであった。三度も大赦《たいしゃ》を受けると、昭和九年（一九三四）には釈放され、戦時中は軍司令部付の兵となったということである。何が何だか分からないことだらけだ。

今日も雄々しい姿を見せている東京駅。それでいてどこか寂《さび》しげな表情をしているようにも見えるのは、暗黒の歴史の変遷を生き抜いてきた時代の翳《かげ》りが、覆《おお》い隠《かく》され切れていないせいか。

2

悲劇の首相官邸

五・一五事件の「現場」で起きたこと

五・一五事件後、扉を閉めた官邸前

■首相官邸の今と昔

千代田線「国会議事堂前」の3番出口を出ると、道路を挟んで左前方に、報道写真や実物で見慣れた、青い屋根にくすんだ黄褐色《おうかっしょく》の古めかしい建造物が飛び込んでくる。新しい首相官邸と隣り合わせた旧首相官邸である。

しかし、新旧の首相官邸前はいつもシュプレ・ヒコールを繰り返す人々の溜まり場になっているが、じつはこんなのは、のどかな光景に過ぎないのだ。首相官邸は流血の惨事が幾度も起きた、危険極まりない場所だったのである。

それを紐解《ひもと》く前に、昭和初期の時代風景から見ることになる。その頃の写真集を見るたびに、気が付くことがある。街往く人はみんな気難しい顔して、うつむきかげんで歩いている。レンズに映った昭和の姿は正直でリアルだ。世の中が未曾有《みぞう》の不景気だったのだから仕方ないとはいえ、〝酒は泪《なみだ》か溜息《ためいき》か〟のような、やり場のない感傷的な流行歌が巷《ちまた》に流れるご時勢。

中にはモボやモガ（註：それぞれモダンボーイ、モダンガール。昭和初期に流行）が銀座を闊歩《かっぽ》している光景も映っているが、能天気《のうてんき》というより、彼らなりに黒雲《こくうん》を突き破ろうとした時代の反逆児として見れば、それなりに面白い。

現在の首相公邸（元首相官邸）

アジアにかかる不安な黒雲の下で、世の中全体が暗い淵《ふち》の中に沈んでいたのであり、〝昭和〟という年号を返上したいほど、実際、暗い出来事が多すぎた。

じつはこの闇の実態を見つめないことには、後に繰り返される軍人が主役の事件や、戦争の時代の正体は見えてこない。彼らを「手に負えない凶暴《きょうぼう》な輩《やから》」として非難することは簡単だが、都会のうらぶれた光景や、地方の悲惨な実態をみれば、志《こころざし》あるものは、〝こんな日本に誰がした〟といきどおり、〝どげんかせんばいかん〟と、心の底を突き動かされ、若いエネルギーを爆発させたに違いないのだ。

「憂国《ゆうこく》」という正義感そのものは、本来は美しく高邁《こうまい》な精神である。だが質感として見ると、それが危なっかしく、負の行動として映ってしまうのは、焦燥感《しょうそうかん》という不安定な精神作用が彼らの原動力になっているからだろう。そして彼らには、氷のような光を放つ軍刀や銃剣という、不気味な〝武器〟が付きまとうから、われわれは引いて見てしまうことになる。

■事件の発端

そんな中で起きた五・一五事件の現場が、首相官邸であった。

ここは現在の地番では千代田区永田町二丁目三番地一号。地上三階、地下一階の建物は、新官邸の完成に伴い、南側に五〇メートル移動させて、現在は首相公邸になっている。

建物は昭和四年（一九二九）三月に竣工《しゅんこう》し、平成十四年（二〇〇二）に新しい官邸が完成するまで、総理大臣官邸として、昭和の政治の舞台になってきた。

実際、「総理官邸物語」が語れるほど、昭和の歴史の生き証人でもある。その間、この官邸の主となったのは、田中義一《たなかぎいち》から小泉純一郎《こいずみじゅんいちろう》まで、四十二名にのぼる。

だがこの館の主人公となった人間たちのうち、一体何人が不慮《ふりょ》の死を遂げていることか。ある者は官邸内で、ある者は自宅や東京拘置所で。

もともと「化け猫騒動」で知られた鍋島屋敷跡《なべしまやしきあと》だから、官邸を建てるとき、「あそこは縁起が悪い」という噂が巷に流れたそうだ。猫の呪いが乗り移ったわけでもないだろうが、東京駅で狙撃された浜口雄幸にはじまって、犬養毅《いぬかいつよし》、高橋是清《たかはしこれきよ》、斎藤實《さいとうまこと》、近衛文麿《このえふみまろ》、広田弘毅《ひろたこうき》、東条英機《とうじょうひでき》。

そして昭和四年（一九二八年）六月に起きた張作霖《ちょうさくりん》爆殺事件で天皇から叱責《しっせき》を受けた田中義一の死因も、表向きには急性心不全、一説には腹上死説もささやかれたが、自殺説もある。

この田中まで含めれば、東京裁判が終わる昭和二十三年までの間に、じつに八人の首相経験者が不自然な死に方をしているのだ。狂った運命の仕業としか言いようがない。

犬養毅

のちの二・二六事件では、官邸にいた岡田啓介《おかだけいすけ》首相は危うく難を逃れたが、昭和七年五月十五日には、犬養毅首相が白昼乗り込んできた海軍士官三上卓《みかみたく》らに、「問答無用」と殺害された五・一五事件の現場になった。

アメリカでいえば、白昼堂々ホワイト・ハウスに乗り込んできた軍人たちが、大統領に向かって、shut up! とばかり銃弾を撃ち込んだことになるのだから、これほど異常な出来事はない。

軍人の起こす事件には、そんな不毛な言葉しか残されていないから、本来のモチベーションが伝わらないばかりか、民衆の共感が得られない。しかも主犯の三上卓らが数年で世の中に出てきて、軍の裏方として暗躍する事態も、これまた異常である。

軍縮論者の犬養は一部海軍士官から批判を受けていたが、満蒙の横取りなんぞもってのほかだという彼の主張も、大陸侵攻派の巨頭荒木貞夫《あらきさだお》陸相の背後にいる陸軍将校から、「けしからん」と、恨みを買っていたらしい。

事件前夜も犬養は書記官長の森恪《もりつとむ》から、「兵隊からやられますよ」と忠告されていたそうだ。

■「問答無用、撃て!」

そして事件当日となる。孫の犬養道子《いぬかいみちこ》の著書によると、家族と夕食前の食堂に向かっていたところ、邸の表玄関から突入してきた海軍士官と陸軍の青年将校(実際は候補生)ら五人に遭遇する。

老首相は、家族がいるところから離れるために、畳廊下を左に折れた十五畳の日本間の方に彼らを誘導しようとした。

そこでやにわに一人（三上卓）が犬養に向かって引金を引いたが、弾丸は出なかった。

「まあ、せくな。撃つのはいつでも撃てる。あっちへ行って話を聞こう……ついて来い」

それから日本間に入って、床の間を背に中央の座卓の前に座り、煙草盆《たばこぼん》を引き寄せると一本手に取り、ぐるりと拳銃を擬《ぎ》して立つ若者たちにも勧めてから、

「まあ靴でも脱げや、話を聞こう……」

そのとき、裏門から侵入してきた別動隊の四人が走り込んできて、

「問答無用、撃て！」の号令がかかり、九発の銃声がつづく。

吉良上野介《きらこうずけのすけ》を討った大石内蔵助《おおいしくらのすけ》は、「主君の無念を晴らさんがため、御《み》首級《しるし》頂戴つかまつります」と言ってから太刀を振り下ろしたが、犬養首相を

三上卓

襲った軍人たちは、何一つ理由を告げず、対話さえ拒否してしまった。そして発砲すると、直《ただ》ちに走り去る彼ら。泥棒でも帰りは恐いというが、せめて隊列を組んで粛々《しゅくしゅく》と引き揚げる美学さえなかったとは情けない。

こめかみと顎《あご》を撃たれた犬養は、血潮《ちしお》に染まっていたものの、しゃんと座ったままで、指から煙草を落していなかった。それから、

「呼んで来い、いまの若いモン。話して聞かせることがある」

と言ったという。その後、医師団の診察では、当たったのは三発で、いずれも急所をはずれていた。

枯れ木のように痩身《そうしん》で眼光鋭《がんこうするど》く、胆力《たんりょく》の据わった明治人は、いつも飄々《ひょうひょう》としていてユーモアがあった。このときも医師団の話を聞くと、

「九つのうち三つしか当たらんようじゃ兵隊の訓練が、なってないな」

と冗談めかして言った。

だがその後のことを孫の道子はこう書いている。

「しかし、結局、午後十一時二十六分に祖父の顔に白布がかけられた」

現役の首相浜口雄幸が東京駅で狙撃されたのにつづいて、その一年半後、犬養は凶弾に斃《たお》れたのであった。浜口のように公共の場所ではなく、首相官邸の中という、前

代未聞の出来事だった。

当日夕刻、新しい駐日米大使ジョセフ・グルーは、東京へ赴任の途中、大陸横断鉄道でサンフランシスコに向かうためシカゴの駅頭にいた。そのとき取り囲んだ報道陣の中にいたシカゴ・ヘラルド・エグザミナー紙の記者から、同社の刷りたての夕刊を手渡される。「日本の首相暗殺され、革命起きる。宮城《きゅうじょう》危機に瀕《ひん》す」。センセーショナルな見出しで報じる新聞を、グルーは無言のまま読み耽《ふけ》っていたそうである。

■甘い処分が次の事件の引き金に

事件の首謀者たちは、軍籍こそ剥奪《はくだつ》されたものの、六年後には自由の身になった。だが、「やったことは別にして、憂国の志は汲《く》んでやるべき」という甘い処分が、次の二・二六事件の引き金になっていく。

そこには軍の知恵も働いていた。事件を起こす人間たちは、もともと私利私欲《しりしよく》とは無縁であり、思想は堅固《けんご》であるから、そのまま抹殺《まっさつ》するのではなく、軍の裏方として働かせようとしたのだ。

関東大震災直後の大杉栄《おおすぎさかえ》事件の犯人とされた甘粕正彦《あまかすまさひこ》憲兵大尉は、三年で出獄すると満洲に放たれ、関東軍になくてはならない人間として暗躍したし、張作霖爆殺事件の首謀者とされた河本大作《こうもとだいさく》も、その後は満鉄理事、満洲炭鉱理事など、満洲経営の要職にあった。

出獄後の三上卓の場合も軍の裏方になり、海軍軍人の一部による東条英機暗殺計画にも参画している。

ほかにも軍籍を剥奪された人間の中には、大陸に放たれて、姿形の見えない諜報活動に従事した人間は少なくなかった。軍人がテロにかかわると、その張本人を軍が再利用するという、奇怪な現象が横行していたのだ。

だが根底にある満蒙問題は大陸にとどまらず、軍による国内政治への介入《かいにゅう》が露骨《ろこつ》になり、政治の主導権を握りはじめた。彼らは日本の運命を暗い方向に引きずりはじめたのである。

3

非常事態の東京

兵士たちの足跡からたどる二・二六事件

二・二六事件当夜、静まりかえる銀座四丁目付近

■兵士たちが見たもの

昭和十一年（一九三六）という年は、東京は正月早々から大雪に見舞われた。銀座には気の早いスキーヤーが現れて、初滑《はつすべ》りを楽しんでいる写真が残されているが、二月に入っても雪の日が幾日もあった。

白い大地は熱い血潮をたぎらせる色彩心理に誘い込む。幽霊も白いが、赤穂浪士討ち入りの日も外は銀世界だった。白は魔の色である。

二月二十五日も夜になると東京には雪が舞い、白い沈黙を破って、何かが起きようとしていた。そして翌二十六日未明、銀世界の中を赤坂の近衛歩兵第三連隊、麻布歩兵第一連隊、麻布歩兵第三連隊の営舎《えいしゃ》を出てゆく兵士たちがいた。一体彼らはどこへ向かったのか。そして何をして、その結果はどうなったか。その実態を見直す前に、土地柄と当日の彼らの行動を見てゆくことになる。

■近衛歩兵第三連隊の足跡

赤坂は坂の多い街である。青山通りを赤坂見附に下るゆったりとした坂もあるが、薬研坂《やげんざか》と交差する幾つもの小路には、急勾配《きゅうこうばい》の坂道のなんと多いことか。

千代田線赤坂駅を降り、乃木坂方面に向かって赤坂通りを歩きだすと、もう右手の坂道にＴＢＳ放送センターと、向かいのグリーンパーク赤坂が聳《そび》えている。

私はこの界隈を歩くのも好きだが、青山一丁目の交差点から左手に青山御所を見て、青山通りを赤坂見附方面に向かいながら、右手の小路を行くのがいい。

黄色い看板が目印の虎屋《とらや》の羊羹本店まで行かずに、赤坂署の一本手前の薬研坂を下り、そのまま上って行く。このあたりは坂道の至るところに東京の二十一世紀の近代と、都会の喧騒とは無縁の木々の緑のバランスがすばらしい。

ＴＢＳ放送センター

薬研坂

ここは江戸時代には松平安芸守《まつだいらあきのかみ》家臣団の武家屋敷が並び、その先が安芸守の中屋敷だったそうだ。中屋敷のあたりは明治になって一ツ木町となり、一ツ木の丘の台地に赤煉瓦三階建の二棟が建った。

これが近衛歩兵第三連隊の営舎で、当時の地番では赤坂区一ツ木町三十六番地、現在の港区赤坂五丁目三番地六号。今はTBS放送センターと向かいのグリーンパーク赤坂になっているのがそれである。

今佇《たたず》んでも、民放のメッカと高級マンションの高層ビルが空しく聳《そび》えるばかりで、ここが誉《ほま》れの近衛師団歩兵第三連隊だったといわれても、なかなか情感が湧いてこない。わずかに円通寺坂に通じる営舎の北門跡の影に、ぽつねんと座した大石に刻まれている、「近衛歩兵第三連隊跡」の文字に、われに返る心地が湧いてくるだけである。旧軍は滅びたのであり、〝昔の光今いずこ〟でいいわけだ。

それでも、かつての残影を求める精神作用を働かせれば、逆方向へタイム・スリップして、対話する楽しみは、却《かえ》って増してくる。彼らの熱い血潮と射《い》るような眼差《まなざ》しと、高らかな軍靴《ぐんか》の足音は消し去ることはできないのだ。

そこで二月二十六日当日の近衛歩兵第三連隊（以後、近歩三）から見ていくことになる。そもそも近衛師団は天皇と宮城《きゅうじょう》を警護する〝誉れ〟の精鋭部隊。所属する将兵は、それぞれ郷里が誇る人間たちだった。その中の近歩三が事件に関わることになったが、かつて東条英機《とうじょうひでき》が中隊長を務めたこともある連隊であった。

　この日の未明、中橋基明《なかはしもとあき》中尉が指揮する近歩三の一個中隊は、半蔵門《はんぞうもん》に向かうことになっていた。彼らは宮城に入り、天皇の身柄を〝警護〟という名目で確保して、昭《しょう》和維新《わいしん》に向けて決起した部隊が掲げる権威の目玉になるはずだった。彼らの時代への激《はげ》しい怒りは、遂にそこまで行ってしまっていたのだ。

近衛歩兵第三連隊跡

　だがそこで余計な寄り道をしてしまう。高橋是清《たかはしこれきよ》邸の襲撃《しゅうげき》である。中橋中隊長が近歩三第七中隊に非常招集をかけたのは、四時二十分。ほかの中隊にこちらの意図が感づかれないように、「今から明治神宮を参拝する」と告げ、同五十分、百三十名の兵士は営門を二列縦隊で静かに出て行った。いつしか雪は止み、雲の切れ目から煌々《こうこう》と照らす十五夜の月の下で、黙々《もくもく》と行く兵士たちの黒い影がついてきた。まるで人間が演じる諸行《しょぎょう》をあぶり出すかのようであった。実際、「あの日の月明かりは忘れられない」という元兵士の証言は多いのである。兵士たちの当日の思い出でもう一つ多いのは、「あのときは足の先まで凍るほどでした」と言うように、「厳しい寒さ」であった。そこで、

「満洲帰りの中隊長（中橋中尉）はばかに張り切ってるが、こっちゃあ、たまったもんじゃねー」

とブツブツいっている兵士もいたそうである。

だが明治神宮参拝に縄梯子《なわばしご》をもって来ていることに、いぶかしく感じた兵たちも少なくなかった。ほどなくして、持ちだした理由が分かり、兵士たちは驚いた。中橋が「いまから国賊高橋是清《こくぞくたかはしこれきよ》を葬る」と告げたからである。

殺人を犯すことに「エッ」と声にならない声を発する彼ら。しかもその後には、宮城にまで入る計画と知ってなおさら驚いた。

心ならずも上官の命令に従わざるを得なかった今泉義道少尉や下士官、兵士たちは、このとき、ただ押し流されていくしか選択肢がなかった。今の感覚で言わずとも、どうみても常軌《じょうき》を逸《いっ》した事態である。

そこで隊列の先頭を行く中橋中尉の脳裏に去来したものは何か。彼も人の子であるから悩んだに違いない。

……いまならまだ引き返せる。兵を道連れにしてオレはとんでもないことをしでかそうとしているのだから……。

そんな迷いを振り払うように、武者震《むしゃぶる》いしながら、薬研坂を下り、そして登って行ったに違いない。

ここで彼らの進行径路を憲兵隊の調書で確認し直すことにする。近歩三の営門は円通寺坂側の北門と、薬研坂から来る通りに面した西門があった。当日は西門を出て右に折れると、末広稲荷を右手に見て、薬研坂を下って急勾配《きゅうこうばい》を登り切り、青山通りに出た。因《ちな》みにこの通りは、薬を砕くのに用いる、薬研に似ていることに由来する。

■高橋邸の悲劇

ところが、市電が走る青山通りを青山一丁目方向へ五十メートル行った左手に、高橋是清邸があった。現在の高橋是清翁記念公園がそれである。そこで彼らは寄り道して高橋邸を襲撃することになり、宮城占拠は後回しになってしまった。それだけが原因ではなかったとはいえ、肝心なほうは失敗してしまうことになる。本来、大事を前にして二兎《にと》を追うのは禁物なのだ。

当初高橋是清は襲撃リストに入っていなかった。だが中橋ら反乱軍の将校たちは、静かに佇《たたず》んでいる二千坪の蔵相私邸をいつも目の当たりにするうちに、別の情念が湧いてきたらしい。

高橋邸は当時の住居表示では赤坂区表町三番地一〇、現在の表示では、港区赤坂七丁目三番地三十九号。

皇太后《こうたいごう》や直宮《じきみや》が住む赤坂御用地《あかさかごようち》の真向かいで、背後は各国大使館や公使館という、庶民から遊離した聖域にあった。

それが悲劇を生む原因の一つになる。飢えに苦しむ地方農村の悲惨な姿をしり目に、「こんな一等地に大きな屋敷を構え、豪奢《ごうしゃ》な日々を貪《むさぼ》る老獪《ろうかい》の巣」として、青年将校たちの怒りを買ってしまったのだ。

この屋敷は丹波篠山《たんばささやま》藩青山家の中屋敷跡で、明治三十二年（一八九九）、高橋是清がそっくり購入して移り住んだ。三年後に新築された家は、主屋《おもや》が敷地の北側の青山通り側にあり、西側には離れと三階建ての蔵、南東に広がる庭園は池の周りを芝生がぐるっと囲み、都会のオアシスの景観を楽しむことができた。当時は日当たりを良くするために、庭木は低く抑えてあったそうだ。

今では昼休みともなれば、近くのオフィス街から高い木立《こだち》が生い茂る公園に、三々《さんさん》五々《ごご》とやってくる人たちの憩《いこ》いの場になっている。

因《ちな》みに惨劇のあった当時の建物は、現在、小金井の「江戸東京たてもの園」に移され、庭園の方は木立が大きくなったことを除けば、いまも昔のままだそうだ。武家屋敷をそっくり買い取ったほどだから、庭の造りも家の構えも、高橋是清の日本的趣味を物語っている。幕末から明治にかけてアメリカ生活の経験もある彼には、日本の伝

「江戸東京たてもの園」に移された高橋是清邸

高橋是清の殺害現場

統文化に回帰する志向が強かったのだろうか。

それはともかく、当初襲撃目標でなかった高橋蔵相が、急遽《きゅうきょ》ターゲットにされたのは、豪邸に住んでいただけでなく、蔵相として軍事費削減を断行したことも、青年将校たちの憤怒《ふんぬ》を増幅させてしまった。高橋は犬養が五・一五事件で斃《たお》れた後、首相を務めたこともあるから、こんな人間に返り咲かれてはたまらん、と思ったのかもしれない。

高橋に向けられた憎悪は、兵士たちの重装備をみればわかる。邸内には数名の警官が交代で常駐しているとはいえ、六十三人で雪崩《なだ》れ込むのだから、機関銃隊まで入れる必要などないはずだ。一人の老人の首を取るのに、軍隊用語とはいえ、〝突撃隊〟と称するのも変な話である。

では何ゆえ機関銃隊まで加えたのかとなると、電車通りの向かいの青山御所の中にある三笠宮《みかさのみや》邸は、高橋邸のほぼ真向かいにあった。さらに少し赤坂見附寄りには秩父宮《ちちぶのみや》邸があり、ほかにも周辺には皇族の御殿があり、厳重《げんじゅう》に警備されていることから、反撃を恐れたのだろう。

兵士の証言によると、中橋は高橋邸の前の道路に機関銃を据《す》えながら、出てきた三笠宮邸警護の皇宮警手《こうぐうけいしゅ》に向かって、「御所のほうには手向かいませんから、安心してくださいと挨拶《あいさつ》したそうだ。

しかし機関銃が実際に使用されれば、高橋邸の裏手にはブラジル大使館、カナダ公使館、シャム公使館、ペルー公使館があるから、日本の国際的な地位が失墜するのは明らかだ。

このとき中橋中尉は兵を二手に分け、六十三名の突撃隊と、残りは今泉義道少尉に命じて高橋是清邸から少し離れた青山通りに、非常線を張って待機させた。時間は五時頃で、外はまだ暗かった。

六十三名の突撃隊には、ここへ来る途中の薬研坂の手前で中橋は兵器係に命じて実《じっ》包《ぽう》を渡し（今泉調書）、自ら機関銃隊を、中島莞爾《なかじまかんじ》少尉には小銃隊を率いさせた。

中橋らは電車通りに面した高橋邸の正門に梯子《はしご》をかけて乗り越え、中島の隊は東門を乗り越えて邸内に入った。

突撃部隊の兵たちは中庭と、家の下の階に待機させ、二階の寝室に押し入ったのはこの二人の将校だけということになっている（中橋、中島調書）。実際は数人の下士官も現場にいたことが判明しているから、彼らの罪を軽減するために、二人の士官が庇《かば》ったのが真相らしい。

中橋は寝室で寝ていた蔵相を「国賊《こくぞく》！」と叫ぶなり拳銃を数発撃ち込むと、中島が軍刀で袈裟《けさ》懸《が》けに切り付けて腕を斬り落とす。いくら〝ダルマ〟の異名がついているとはいえ、銃弾を受けただけでなく、腕まで切り落とされ、目を覆《おお》うばかりの凄惨《せいさん》な情景であった。

これでは「誤った認識の下に国家の進展を阻害《そがい》している者は、誅戮《ちゅうりく》するのに躊躇《ちゅうちょ》するものではありません」と、自分たちの行動を正当化し、「悠久《ゆうきゅう》の大義」を声高《こわだか》に叫んでも、説得力がまるでない。

高橋蔵相はこのとき八十三歳。事件の標的になったのはいずれも無防備《むぼうび》の老人ばかりだった。血で塗られたテロリズムに成り下がった蛮行《ばんこう》に、民衆の共鳴《きょうめい》を得られるはずはなかった。

後日、軍法会議の場で、証拠物件として高橋蔵相が身に着けていた血染《ちぞ》めの寝間着《ねまき》が、検察官によってブリキ缶の中から取り出され、被告席の彼らの前に開陳された。当然、異臭《いしゅう》を放っていたはずだ。

このとき青年将校たちは一様に、「何の必要があって見せるのか」「悪意に満ちた検察官のやり様」と反発した。見るに堪《た》えないとはいえ、結果を直視することを拒《こば》んでしまったのである。

もともと襲撃する側にとって、相手は高橋に限らず、官邸と私邸の両方を往き来している場合が多いから、当日、どちらにいるのかが問題になる。

これには事前に将校たちが下見して、門前に立哨《りっしょう》中の警官がいるか否かがカギになった。事件ではいずれも、ハズレがなかったから、事件前日の夕刻、数人の警官が門前に立っていたことが仇《あだ》になったのである。

高橋蔵相をあっさりと討ち取った中橋らは、五分ほどで引き上げると、青山通りで待機していた今泉少尉以下と合流した。それから本隊を率いて中橋中尉は青山通りを赤坂見附に下っていった。右手の赤坂署も、左手の秩父宮邸の立哨にも、変化は見られなかったから、これは安心材料であった。

先頭を行く中橋中尉は、初めて同胞を自らの手で殺害した直後のせいだろう、その眼は異常に血走っていたと、多くの者が証言する。素顔の中橋は、いかつい帝国軍人のイメージとはほど遠い優男《やさおとこ》で、美形だったそうだ。

遺《のこ》る写真でも、今流の言い方では女系のイケメンである。女性関係も派手だったといわれ、五十年を経ても月命日に墓参を欠かさない美貌《びぼう》の女性がいたという話を、生き残った池田俊彦元少尉が書いている。

中橋は家柄も良かったが、ひどくお洒落《しゃれ》で、将校マントを緋色《ひいろ》の裏地で仕立て、大股の足さばきで裏地をヒラヒラさせていた。当人はそれを指摘されると「返り血を浴びても目立たないからね」と言っていたが、多分にナルシスト的ではある。

武骨《ぶこつ》で汗臭《あせくさ》い男世界にはめずらしく、ダンディーなエロティズムを演技できる稀有《けう》な陸軍将校でもある。赤坂見附から三宅坂に向かって上って下っていく部隊のこの隊長は、凄惨な光景から一変して、華麗な舞台の主役を演じる役者の気分に浸《ひた》っていたのだろうか。

一行は三宅坂に出ると、そこにはお堀の向こうに黒々とした宮城が深い眠りについていた。中橋隊はお濠に沿って半蔵門《はんぞうもん》に上がっていった。

■半蔵門

半蔵門は宮城の西側の門に当たる。元の門は太平洋戦争で焼失し、現在の門は和田倉門となっていた高麗門《こうらいもん》を移築したものである。苔《こけ》むした歴史の匂いを感じさせるに十分な威厳《いげん》のある門だ。

門内は江戸時代には吹上御庭と呼ばれ、隠居《いんきょ》した先代将軍や、将軍継嗣《けいし》などの住居とされていた。明治以後は、吹上御苑と呼ばれ、天皇の住居の御所、吹上大宮御所、宮中三殿、生物学研究所、天皇が田植えをする水田などがある。

天皇は宮城からの出入りには二重橋が正門になるが、(皇族や臣下も儀典にはここを使う）、臣下には坂下門が正門である。しかし天皇同様、各皇族は皇居への日常の出入りには、主にこの半蔵門を使用するのが慣わしであった。襲撃部隊が天皇を〝警護〟するには、最も近い門だったのである。

因みに半蔵門はそのまま甲州街道に通じているから、幕府開闢《かいびゃく》以来、将軍は一朝《いっちょう》事《こと》があったときには、甲府への脱出に備えてあったのだそうだ。実際、江戸城の各門で主要街道に接しているのは、この半蔵門だけである。

そして事件当日の朝。肝心の半蔵門では、中橋中尉が「帝都に大事件が起きているから、宮城警護に駆けつけた。門を開けてくれ」と大声で言うと門は開いた。歩一や歩三の部隊は入れないが、中橋が率いるのは、天皇と宮城を護る近衛歩兵第三連隊であるから、中橋隊の百三十名は、なんなく宮城内に入った。

だが警備の大高政楽《おおたかまさがく》少尉から、宮城内をさらに奥に入るのを拒否される。それでも中橋とは、中隊こそ違っていても同じ近歩三の上級者であるから、大高も中橋だけは入れないわけにいかなかった。

困惑したのは、機関銃隊まで加わっていた部下たち。門内でウロウロするばかりで、〝宮城警護〟という、訳の分からない任務に就いているほかなくなってしまった。

予定では宮城占拠後、お濠《ほり》を隔《へだ》てた向かい側の警視庁を占拠する野中部隊と手旗信《てばたしん》号《ごう》で交信し、野中部隊を割いて、増援に送り込む用意もしていた。実際、警視庁を占拠した野中らは、宮城内に入った中橋部隊からの合図を待っていた。暗くては手旗信号は役に立たないから、その場合はフラッシュ・ライトで交信する用意をしていたのだ。

では宮城に入った中橋基明中尉はどうしていたのか。松本清張の『昭和史発掘』によると、中橋は大高少尉と交渉したが埒《らち》が明かない。ついに両者は拳銃を抜くところまでいったが、そのとき中橋の拳銃から硝煙《しょうえん》の匂いがしたので、何かやってきたなと思ったという。だが中橋の方から先に拳銃を収めたので、その場は収まった。

そのうちに外部から連絡が入ったらしい。宮城内が非常配置に動き出したのを察知した中橋は、宮城内を独りで足早に、二重橋を渡って坂下門から外に出るよりほかなかった。外はまだ暗かったが、彼は近衛師団の将校であるから、宮城内の構造や配置図は熟知していたのである。

この事件の最大のポイントである、宮城占拠は何ゆえ、こうもあっさりと見送られてしまったのか。美形の伊達男中橋中尉には、たてがみを逆立てた獅子のような磯部《いそべ》浅一《あさいち》や栗原安秀《くりはらやすひで》のような、突進力がなかったことに尽きる。中橋は完全に立ち合い負けしているのだ。

近衛連隊所属ではない栗原や、昭和九年の陸軍士官学校事件で軍籍《ぐんせき》を剥奪《はくだつ》されていた磯部は宮城内に入れないが、いずれにしても中橋中尉一人では荷が重すぎた。

しかもたったいま同じ日本人、それも丸腰の民間人高橋蔵相を殺害してきたことで気持ちが萎《な》えたか、少なくとも後味の悪さが心の中を支配していたはずだ。

さらに目の前にある半蔵門の奥深く、大きく迫る宮城の木立を目にすると、腰が引けてしまった、というのが真相だろう。天皇の権威の前に、われに返ったというところか。

宮城警護の大高少尉としても、中橋は近衛歩兵中尉とはいえ札付《ふだつ》きの要注意人物の上に、血走った目に返り血を浴びた姿で、「中まで入れろ」といわれても、一命《いちめい》をかけても阻止しなければならなかった。

それでも半蔵門に入っていた中橋部隊を強引に突入させていれば、結果は違っていた可能性がある。さらに彼らは坂下門を固めて、自派以外の上官や重臣の入門を阻止し、皇道派の要人だけを宮中に入れる手はずになっていた。その先にあるのは天皇を〝警護〟して自分たちの陣営に入れることになっていた。天皇を戴《いただ》いた側が勝利するのは、明治維新の成功が物語っている。

かつて大久保利通《おおくぼとしみち》、岩倉具視《いわくらともみ》らが起こしたクーデターの戦術をまねたのだが、この計画が杜撰《ずさん》だった。

反乱軍には襲撃や占拠箇所が多過ぎて、どこがメインポイントなのかが徹底していないから、粗雑《そざつ》のそしりは免れない。こうして〝タマを押さえる〟計画はあえなく潰《つい》えてしまった。

半蔵門。そのすぐ奥で歴史のターニング・ポイントになり得《え》るチャンスはあったのだ。そんなドラマを覆《おお》い隠すかのように、今日も半蔵門は無表情のまま佇んでいる。

■麻布歩兵第一連隊の足跡

旧友と六本木のイタリアン・レストランで昼食を食べたあと六本木交差点で別れ、乃木坂方向に外苑東通りをぶらぶら歩いてみた。

ものの数百メートルも行かないうちに、突然右側に新開地《しんかいち》が目の前に迫ってきた。日傘《ひがさ》を差した品の良いご婦人や、カジュアルな服装をした感度のいいカップル、子供連れの若い両親などが、中に吸い寄せられるように消えていく。

巨大なショッピングセンター、オフィスビル、ホテル、美術館、ホール、公園からなる東京ミッドタウンである。どれも二十一世紀モダニズムの先端をゆく建物ばかりで、そこに流れる空気まで、砕《くだ》いた氷のように鋭角である。

だが、その方面によほど関心がある人でないかぎり、それ以前は、敷地そっくり防衛庁本庁、戦前は麻布歩兵第一連隊であったことを知る人はいない。さらに江戸時代にまで遡《さかのぼ》れば、長州藩主毛利家《ちょうしゅうはんしゅもうりけ》の下屋敷と家臣たちの屋敷だったところであるから、長州藩ゆかりの地でもある。

明治以後は「陸軍の長州」といわれるほど、長州閥が幅《はば》を利《き》かせた事実と無縁ではあるまい。そういえば、外苑東通りのその先にある乃木坂、乃木邸の主乃木希典《のぎまれすけ》も長州藩士だった。

今こうして東京ミッドタウンの、ガラス張りの直線と鋭角が織《お》りなす建造物が目白押しの現実をまじまじと見つめていると、脳裏の中に別のベクトルが働き出した。

「この変貌《へんぼう》ぶりは、旧軍の亡霊や名残りを意図的に一掃しようとしたのではないか」。そう思われて、溜息《ためいき》をついてしまった。そして時は昭和十一年二月二十六日に舞い戻る。ここは決起した青年将校の中でもっとも過激だった将校たちを輩出した根拠地であるから、歩兵第一連隊（以後、歩一）の足跡を辿ることになる。

■立ち上がった中隊

歩一は二・二六事件で栗原安秀、香田清貞《こうだきよさだ》、丹生誠忠《にうよしただ》らの過激な指揮官を出した曰《いわ》くつきの連隊で、翌年の盧溝橋《ろこうきょう》事件《じけん》にもかかわり、日中全面戦争の火種《ひだね》を背負い込むことになる。その意味ではツキから見放された不運な部隊であった。

そこでこの日の未明、歩一は首相官邸襲撃と陸相官邸を占拠することになっていた。首相官邸に向かう栗原部隊（栗原安秀中尉、対馬勝雄中尉、林八郎少尉、池田俊彦少尉）、陸相官邸の占拠には丹生隊（丹生誠忠中尉、香田清貞大尉、竹嶋継夫《たけしまつぎお》大尉、磯部浅一元大尉、村中孝次《むらなかたかじ》元大尉）が向かった。

どこも襲撃開始時間は五時に決められていたから、彼らが揃《そろ》って歩一の営門を出て行ったのは四時半であった。そこは今のミッドタウン・プラザあたりである。

だが磯部浅一が後に言っているように、このとき営門を通過するまでが、第一の勝負どころであった。襲撃に参加しない指揮官クラスが、軍中央に急ぎ通報して警戒態勢をとっていれば、相手は雪の中を歩いて向かっているのだから、計画は一気に崩壊した可能性があるのだ。

営門を一歩出たところで反乱ははじまっていたのであり、さらに不参加の者たちによる連絡の遅延《ちえん》が、反乱軍の襲撃を押し進めてしまった。こうして、もう後戻りできない過酷な運命が、襲撃部隊と襲撃された人間たちの双方に待っていた。

栗原調書によると、栗原隊の進行順路は次の通りであった。「機関銃部隊約三百名が歩一連隊表門を出発したのが四時三十分。歩一営門前で警視庁襲撃部隊（註：歩三の野中隊五百名）を先頭に、私が率いる部隊、次が歩一の第十一中隊（註：丹生隊）の順序で進みました。師団長官舎前、氷川神社前を通って次の角を右折して電車通りの赤坂福吉町に出た。ここを左折して溜池電車通りまで直進して右折。特許庁の所を左折して坂を上り、首相官邸に至ったのであります」。

虎ノ門をへて霞が関、桜田門方面に向かう歩三の警視庁襲撃部隊とは、双方緊張の面持ちで健闘を誓い、溜池交差点で分れた。参謀本部・陸軍省に向かう歩一の第十一中隊は、栗原部隊による首相官邸の襲撃開始を見届けると、まっしぐらに前進していった。

■襲われた首相官邸

栗原隊は坂を一気に上りつめ、全員首相官邸に到着した。黎明《れいめい》まではまだいくばくかの時間があるいま、中は深い眠りについている。そしてわが国国家機関の中枢をしめる首相官邸の重い扉は、いま打ち破られようとしていた。彼らは一呼吸すると、ためらうことなく護衛の警官をなぎ倒し、官邸内に雪崩《なだ》れ込んだのである。

五・一五事件で犬養が遭難したとき同様、奥の私的居住区の応接間の隣の和室を一つ一つ襲い、ついに寝間着姿の老人を射殺する。時の官邸の主、元海軍大将岡田啓介《おかだけいすけ》とされた人物はほとんど即死状態であった。

遺体の首実験をした指揮官の栗原が、「うん、間違いないな」と言ったので、目的は果たしたことになった。外の雪といい、栗原は吉良上野介《きらこうずけのすけ》を討ちとった大石内蔵助《おおいしくらのすけ》の気分である。

その日の午後、首相官邸に陣取《じんど》る栗原中尉から、中外商業新報《ちゅうがいしょうぎょうしんぽう》（現日本経済新聞）の論説委員で旧知の和田日出吉に、「官邸に来てください」と電話がかかってきた。

女優小暮実千代《こぐれみちよ》の夫君で、のちに満洲新聞社長や満映（満洲映画協会）理事を務めた和田は、終戦時に新京の満映社内で、甘粕正彦《あまかすまさひこ》理事長の自決に立ち会った人物としても知られる。

和田が非常線を巧みに突破して首相官邸に乗り込むと、ズラリとこちらを向いている機関銃と、殺気立った兵士たちの向こうに、玄関の外で焚火《たきび》をしていた栗原中尉に招き入れられた。

新聞を使って決起の主旨を国民に知らしめたい栗原は、和田に「この革命は必ず成功します」と言ってから熱弁をふるった。それから和田が「総理が殺されたのはどこですか」と尋ねると、「それでは中をご案内しましょう」と言って栗原が先に立った。中は一面めちゃめちゃに壊され、床を血に染めて私服の巡査が、うつ伏せに倒れていた。

驚いている和田に向かって、栗原は事もなげに、「あとから本物が出てきますよ」と言ったという。

岡田啓介

それから日本間の前に来ると、栗原が「遺体をご覧になりますか」と言いながら自ら襖《ふすま》を開けると、十二畳ほどの和室に布団が敷かれ、その上に岡田首相が寝かされていた。実際は旧知の松《まつ》尾《お》傳蔵《でんぞう》陸軍大佐の遺体だったが、和田は気が付かなかったので、危うく声を上げずにすんだ。危ないところであった。松尾は義兄岡田と風貌《ふうぼう》が似ていたので、間違って射殺されたのであった。

因みに松尾大佐の夫人は岡田首相の妹で、松尾夫妻の長女が瀬《せ》島《しま》龍三《りゅうぞう》夫人という関係にあった。しかも反乱軍の標的にされた鈴《すず》木貫《きかん》太郎《たろう》侍従長（元海軍大将）の長男が、岡田の二女と結婚していたという、縁もあったのである。

反乱軍にいる丹生大尉は岡田の親戚筋（丹生の母親の姉の夫と、岡田夫人は兄妹）に当たるところから、さすがに首相官邸の襲撃には加わらなかった。もし丹生がいれば、日頃身近に見慣れていた岡田を見誤ることはなかったはずだった。

さらに奥の方に栗原が和田を案内していると、女中部屋の前に来た。和田はそのときの場面をテレビでこう語る。

「そこには押入れの唐紙《からかみ》を背にして一人の女中さんが、青ざめた顔してきちっと坐ってるんです。それから僕は栗原中尉に言ったんですよ。「君ね、女中さんには罪はないぞ」って。

そしたら「はあ、そうですね」と中尉は言ってから彼女に「君はどこだ」って聞いたんです。たしか下目黒とか中目黒とか言っていましたが、中尉が「それじゃあ君、兵隊を護衛につけて、溜池の電車通りまで送ってやるから帰りたまえ」と言ったんですが、女中は首を振って帰らんというんですね。

押入れの襖《ふすま》を背にして坐ったままなんです。その押入れの中に岡田さんがおられたんですな」

実際岡田総理は、襖一枚をへだてて、栗原中尉と和田、女中らのやりとりを固唾《かたず》をのんで聞いていた。

事件後数カ月たってから、和田が岡田を私邸に訪ねた折、その時の話をもちだすと、「うん、覚えているよ。あの時の会話は君と栗原だったのか」と言ったという。

その後、側近や親族たちが女中部屋の前で、ひそひそと、葬儀の準備など話し合っているうちに、一人が、「寝棺《ねかん》にしますか、それとも座棺《ざかん》にしますか」と言った。

そのとき押入れの襖が開いて、のっそりと出てきた岡田は、「オレは熱燗《あつかん》がいい」と言ったという。

それから弔問客と称して男の老人ばかりかき集めた救出劇も、スリルに富んだドラマであった。遺体と対面して気分が悪くなったと偽って岡田を担架に乗せると、退出していく老人たちの中に紛れ込ませて外に連れ出すことができた。

最高権力者が陣取る首相官邸は、いつでも攻撃の標的にされやすい。戦時下では米軍の攻撃目標にされ、昭和二十年五月の空襲で一部が焼け落ちたが、修復されて再び甦った。

戦後、岸信介首相の時代には、ゲバ棒を持ち、日米安保条約改定反対を叫ぶデモ隊に包囲されたこともあるが、暗黒の昭和前期の忌《いま》わしい事件、戦後の復興期にあってもなお新たな混乱など、幾星霜《いくせいそう》を見つめてきた。

いまでも社会の不満の矛先は、この一点に集約されるから、語り尽くせないほどの首相官邸物語がある。まさか戦前のような類《たぐい》のテロ攻撃を受けるとも思えないが、これからも何かと騒がしいのは間違いなさそうだ。

■参謀本部・陸相官邸・陸軍省

国会議事堂と皇居を間近にのぞむ三宅坂に、これぞ都会のオアシスの一角があることは、霞が関界隈の人間たちのほかには、ほとんど知られていない。

敷地内にあるのは憲政記念館《けんせいきねんかん》で、名前は堅苦しいが、憲政の父といわれた尾崎行雄《おざきゆきお》の記念館。

江戸時代初期には加藤清正《かとうきよまさ》が、幕末には井伊直弼《いいなおすけ》が屋敷を構えていたことが、記念館の庭の礎に記されている。

ここが明治以後、陸軍の要、統帥の一翼を担った参謀本部となり、陸軍省も同じ赤レンガの建物の中に収まり、その隣には陸相官邸も控えていた。

今この庭からは、お濠の向こうに皇居の緑、桜田門と日比谷界隈が見下ろせるが、昼どきには下の霞が関から登ってきた人たちが弁当を広げたり、木陰《こかげ》で読書に余念《よねん》がない。

今ここに立ってみると、緑に囲まれた小高いこの地が、日本の司令塔だったことに驚きと、無念さと寂寥《せきりょう》感が交差して、まことに複雑な心持ちになる。

憲政記念館

その日、丹生誠忠部隊には、もっとも行き足のある磯部浅一元大尉のほかに香田、竹嶋両大尉、さらに村中孝次元大尉のような現在、過去に上級者であった者が加わっていた。ほかの襲撃部隊は大尉か中尉の指揮官一人に、補佐の少尉が一人か二人つくだけだが、軍の中枢が集中する要の参謀本部、陸軍省、陸相官邸との折《せっ》衝《しょう》をそれだけ重視していたからである。

そこで栗原が率いる首相官邸襲撃部隊の後方から、丹生部隊のサクサクと規則正しい靴音がつづく。二列縦隊の先頭は丹生と香田であった。

丹生調書によれば、彼らはまだ闇に沈んだまま凍《い》てついた溜池交差点の電車通りから特許庁横の坂を上り、首相官邸前で熱い敬礼を交わして、栗原隊と別れた。丹生部隊は、右手に国会議事堂を見ながらそのまま直進していった。

それから独逸《ドイツ》大使館（現在国立国会図書館がある敷地）の三叉路《さんさろ》まで来たところで、ちょっとした異変が起きる。角の交番で立哨していた警官が電話連絡している姿が目に入ったのだ。

そこで磯部元大尉が走り寄り、拳銃を五発発射して連絡を絶たせた。

二列縦隊はそのまま右に折れ、独逸大使館を左手に見て突き当りの参謀本部、陸軍省、陸相官邸に向かった。現在の地番では、独逸大使館は千代田区永田町一丁目八番地で、隣りの十番地には、陸相官邸と参謀本部、陸軍省が入った建物が近接していた。先述《せんじゅつ》の通り、国会図書館から見て裏手の憲政記念館のある場所がそれである。

丹生部隊は機関銃部隊と軽機関銃部隊で、周辺一帯を取り囲んで歩哨線《ほしょうせん》を敷《し》いた。丹生の供述では、中でも三宅坂付近と参謀本部正面を最も重点的に警戒態勢を敷いたという。関係各方面との連絡を絶たせ、人の出入りを制限するためであった。阻止しなければならないのは、反目《はんもく》する統制派《とうせいは》の人間たちである。

そこで香田、村中らは警護の憲兵を押しのけ、川島義之《かわしまよしゆき》陸相に「国家の一大事ですから」と、強談判《こわだんぱん》に及ぶ。ポイントは軍の上層部工作と宮中工作で、決起部隊を義軍として、周知徹底させることにあった。だが川島は「まあ落着け」と言うばかりで、オロオロしている。

そこへ参謀本部の作戦課長石原莞爾《いしはらかんじ》大佐が急を聞いて登庁してきた。だが満洲事変と満洲国建国の立役者ではあっても、皇道派でもなければ統制派でもないから、決起部隊は扱いに困ってしまった。そのうち高飛車《たかびしゃ》な態度の石原に業《ごう》を煮《に》やした磯部が、ついに拳銃を突きつける一幕となる。

だが石原はひるまない。「貴様ら、陛下の軍隊を私《わたくし》するとは何事だっ！」。

そのあと石原は、磯部の「昭和維新をどうお考えですか」の質問に、「軍備を充実させ、強い軍隊にする。それが昭和維新だ」としか答えなかった。

それから川島陸相と二人だけになると、石原は「徹底した戒厳令《かいげんれい》を布き、反乱軍の討伐《とうばつ》」を迫る。だが陸軍省にも参謀本部にも、決起部隊に同調する者も少なくない。

そこへ皇道派で、決起部隊の背後にいるといわれた陸軍省調査部長の山下奉文《やましたともゆき》少将が、「大臣告示」という、決起部隊をなだめる案文を作成して説得する。「決起の趣旨は天聴《てんちょう》に達するはずだから、あとは大御心《おおみごころ》を待て」と。

だが天皇の「断固討伐」の硬い意志が伝えられると、参謀本部、陸相官邸、陸軍省も「討伐」で一本化された。やはり天皇の権威は絶大であった。以後の三日間で、事件の運命は決まってしまったのである。

この報告を東京のアメリカ大使館から受けた大統領にも国務省にも、「軍を押さえられる天皇」と映ったことは注目に値する。このときのワシントンの天皇観は、のちの日米開戦で天皇の果たした役割にも多大な意味をもつことになってしまうのである。

陸大卒のシンボル〝天保銭《てんぽうせん》〟を誇らしげに胸に付けた陸軍のエリートたちが行き交っていたここ参謀本部。二・二六事件はもちろん、のちの日本の運命を決定づける牙《が》城《じょう》だったのだ。

ここには当時の面影《おもかげ》はまったくないが、それがゆえに尚更《なおさら》のこと、流れた歳月を思わずにはいられない。人によっては、〝天上影は変わらねど　栄枯《えいこ》は移る世の姿〟と映るかもしれない。

同じ無常観《むじょうかん》でも、日本を動かしていた権力者たちの滅びた姿を前にして、私は芭《ば》蕉《しょう》の句を思い出した。

夏草や　つわものどもが　夢の跡

■麻布歩兵第三連隊の足跡

国立新美術館に出展している知り合いの画家から招待状をもらい、千代田線「乃木坂」に降り立ったのは最近のことだ。

改札口を出てから表示に従って行くうちに、「なあんだ、そうだったのか」という気になった。そこは以前、何回か来たことがある東大生産技術研究所で、たしかあの白い建物は平成十三年頃まであったはずである。

しかもその建造物は、昭和の歴史に大きな足跡を遺していった麻布歩兵第三連隊（以後、歩三）の営舎であったことも、以前から知ってはいた。

麻布歩兵第三連隊の営舎跡

現在の地番では、港区六本木七丁目二十二番地になるが、正面が四階で残りは三階の建物がぐるっと四角に取り囲み、さらに、真ん中に同じ三階の建物が割って入るので、中庭が二つあった。「日」の字を形取りした建築構造に由来するもので、外壁にはアールデコ調のデザインが取り入れられている。完成なった昭和三年当時は、ビルディング・タイプのモダン建築として、専門家から注目された存在だったそうだ。

東大生産技術研究所となってからも、かつて将兵が闊歩《かっぽ》していた営内の中庭では、昼休みになると所員たちがテニスを楽しんでいる光景が見られたものだった。その後建物は建て替えられ、国立新美術館、政策研究大学院大学として生まれ変わった。

つい最近またここに来てみると、歩三当時の建物は、表玄関がある正面の一部がそのまま保存され、内部を改装して旧建物の資料展示室になっていて、なぜかうれしくなった。

過去の栄光と負の歴史を背負った歩三正面の建物が、大きな楠木《くすのき》の木陰《こかげ》に黙《もく》したまま佇《たたず》んでいる姿は、神々《こうごう》しくさえ思われたのである。名前は思い出せないが、あるフランスの哲学者が言っていた。「滅びしものは美しい」と。

因みに建築上の歴史的価値から保存を強く主張したのは、新美術館の設計者黒川《くろかわ》紀《き》章《しょう》だったそうだ。

時は遡って昭和十一年二月二十六日未明、近歩三、歩一の動きに呼応して、一部将校たちに率いられてこの営門を出ていく兵たちがいた。非常呼集を受け、「夜間演習かな」と、ここでも多くの兵士たちは思ったという。

歩三の襲撃箇所は、鈴木貫太郎侍従長官邸、斎藤實《さいとうまこと》内大臣私邸、渡辺《わたなべ》錠《じょう》太郎《たろう》教育総監、警視庁と、多岐にわたるために出動兵士の数も、約九百名と最も多かった。それだけ決起した中隊長クラスの将校が多かったからである。

このうち安藤輝三《あんどうてるぞう》大尉率いる二百四名は鈴木貫太郎侍従長襲撃、その後は陸相官邸、陸軍省・参謀本部に増援《ぞうえん》に向かうことになっていた。次に斎藤實内大臣邸に向かう坂《さか》井直《いなおし》中尉率いる二百十名は、予定では目的達成後三十名を渡辺錠太郎の私邸に向かわせ、本隊は陸軍省方面へ。野中四郎大尉は五百名の兵を率いて警視庁に向かう手はずになっていた。

先《ま》ず決起に最後まで慎重だった、安藤輝三の部隊の行動から見て行くことにする。

■鈴木貫太郎侍従長官邸

皇居北西側の千鳥《ちどり》ケ淵《ふち》は、江戸城を拡張するとき、局沢川《つぼねさわがわ》を半蔵門と田安門《たやすもん》の土橋で塞《せ》き止《と》めて造られたお堀である。代官町通りに接する半蔵濠とはかつて繋《つな》がっていたらしい。

ここでは春になるとよくお花見をしたが、わざわざ来たことはない。神保町に来たついでに九段坂を上るか、JR飯田橋で降りて、富士見町の出版社に寄ってから、せっかくだからお花見でもしていこう、ということになったからである。

そんなときは、警察病院向かいの、小さな餃子専門店「おけい」で、生ビール、焼きそばと餃子の遅い昼飯を食べてから、千鳥ヶ淵に向かった。

池の岸辺に沿った七百メートルばかり遊歩道は、千鳥ヶ淵緑道と呼ぶそうだが、満開の染井吉野《そめいよしの》、大島桜《おおしまざくら》が、春の眩《まぶ》しい光の中で、もてる美の結晶をすべて発散している姿は、神の使者と出会ったような心持ちになる。

だが以前から私は、緑道と向かい合う戦没者墓苑の隣の和風の民家が気になっていた。そこは内堀通りを入り込んだ千鳥ヶ淵緑道と、鍋割坂《なべわりざか》の細道の双方がちょうど交差したところである。

私がいぶかしく感じていたのは、背後に高いビルが迫る一角に、緑の庭木に囲まれて民家がたった一軒だけ健在しているからだ。しかも人の出入りはほとんどなさそうだし、表札も出ていない。

いったいどんな人間が住んでいるのだろうか——。

小路を散策する人は、みな不思議に思っていたはずだが、その謎は近年になってからようやく解けた。隣の戦没者墓苑の関係者が、そっと教えてくれたからである。

「代々の侍従長《じじゅうちょう》が住んでいるらしいですよ」。

そういえば門構えが堅固《けんこ》で、表札もない理由に納得がいった。それにしても隣が墓苑とはいえ、静まりかえった佇まいだ。

侍従長と聞いてすぐに思いついたのは、鈴木貫太郎である。ならば二・二六事件で襲撃された現場ということになる。

調べてみると、たしかに鈴木侍従長の官邸は、千鳥ケ淵に面した麹町三番町であった。最新の地図の上では「宮内庁分庁舎」となっているのがそれで、南隣の千鳥ケ淵戦没者墓苑も含め、事件当時から宮内省用地のまま、今につづいていることになる。

■安藤輝三と鈴木貫太郎

今から七十八年前のこの日。侍従長襲撃に向かう安藤輝三大尉が、自ら第六中隊の兵二百四名を率いて、連隊を出発したのは午前三時三十分。

同じ歩三の別動隊より五十分早く出たのは、距離が離れている上に、警戒が厳しい警察署や宮様の屋敷前を避けるためであった。緊急連絡されては、まだ行動を起こしていないほかの決起部隊に迷惑がかかる。

軍法会議の判決文によると、彼らの装備は機関銃四挺、同実包《じっぽう》二千発、軽機関銃五挺、同実包千数百発、小銃約百三十挺、同実包九千発、拳銃十数挺、同実包五百発であった。

そこで関係者の証言を繋ぎ合わせ、当日目的地に至るまでの安藤隊の径路を追ってみると、歩三の営門を出てから員数横丁（註：歩三営門付近の町の名）を右手に見ながら、麻布竜土町の電車通りを左に折れた。当事者たちの回想では「みな無言のままで、雪を踏む規則正しい静かな靴音だけがつづいた」という。

市電の乃木坂駅を右に入り、そのまま乃木坂を下って行くと、虎ノ門方面と赤坂方面を結ぶ電車通りに突き当たる。ここを左に折れて赤坂見附で弁慶橋を渡り、清水谷公園を過ぎて突き当りを右折した。しかしそのまま直進して突き当たると、近歩三が担当する半蔵門のすぐ手前に出てしまうのでこれを避け、麹町警察署も避けて、市電の麹町二丁目駅を左に入って行った。

英国大使館の二本裏道を静かに通り、麹町一丁目の角を右に入って青葉通り（現在の内堀通り）を市電の三番町駅で横切ると、もうそこは千鳥ヶ淵。池に沿って小路を百メートルも行けば、左手が侍従長官邸である。着いたのは四時五十分であった。

鈴木貫太郎侍従長夫妻は、前夜は内大臣斎藤實夫妻とともに米国グルー大使から夜会に招かれ、アメリカ大使館にいた。斎藤より三十分早く辞しているので、麹町三番町の官邸に戻ったのは、十一時半頃である。雪がもう少し強く降っていれば、グルー大使は泊まるように勧めたところだったそうだ。

憲兵隊の調書によれば、安藤は一部の部下と共に、あらかじめ短く切っておいた梯《はし》子《ご》をかけ、鍋割坂側の塀を乗り越えて裏手から入り、内側から表門を開かせた。千鳥ケ淵に沿った小路の側が官邸の表門である。

それから書生や女中たちに外に出るように命じてから、内部を探索した。

その後のことは、鈴木自身が自伝に書いている。

《奥の寝室で寝ていた私は、女中の「兵隊さんたちが塀を乗り越えて入って来ました」と告げたので起き上がると、すでに廊下や次の部屋あたりに大勢闖入《ちんにゅう》してきた気配が感じられた。

そこで納戸などで殺されるというは恥辱であるから、次の八畳の部屋に出て電燈をつけた。すると周囲から、さっと二三十人の兵が入って来て皆銃剣をつけたまま、夫妻の回りを構への姿勢で取り巻いた。その中の一人が進んで出てきて、短く「閣下ですか」と聞くから、「さうだ」と応じた。そこで私は双手を拡げて、

鈴木貫太郎

「まあ静かになさい」と先ずそう言うと、皆私の顔を注視した。そこで、

「何かこういう事があるに就いては、理由があるだろうから、どういう事かその理由を聞かせて貰いたい」

と言った。だがただ私の顔を見ているばかりで、返事する者が一人もない。それから帯剣してピストルをさげた下士官らしいのが、

「もう時間がありませんから撃ちます」

と短く告げた。理由を聞いても言わないで撃つというのは理不尽な話だが、ここにいる者は明瞭な理由を知らずに、ただ上官の命令を受けているだけだと考えられたから、

「それなら止むを得ない。撃ちなさい」

と言って、一間ほど隔てたところに直立不動で立った。すると相手は動揺していたのか、一弾目は当たらなかった。次の弾が股のところに当たり、三弾目が胸の左乳の五分ほど内側の心臓部に命中してそこで倒れた》。

倒れても鈴木は意識があったようだ。背後から「とどめ」「とどめ」と連呼する者があったことや、その後のやり取りを記憶している。

《そこで下士官が私の前に座ると、そこから一間も離れていないところで、数人の兵

に銃剣とピストルを突き付けられていた妻が、

「とどめはどうかやめてください」

と言った。ちょうどそのとき、指揮官らしい者が部屋に入って来た。そこで下士官が銃口を私の喉にあてて、「とどめを刺しましょうか」と聞いた。すると指揮官は、とどめは惨酷だからやめろと命令をした。それは多分、私が倒れて出血が甚しく惨憺たる情景であったから、最早や蘇生する気遣いがないものと思って、とどめをやめさせたのではないかと想像する。》

その指揮官とは安藤輝三大尉で、横にいる妻の鈴木たかと、次の様な会話をしている。

「あなたは奥さんですか」

「そうです」

「奥さんのことはかねてお話に聞いておりましたが、まことにお気の毒な事を致しました」

「どうしてこんな事になったのですか」

「われわれは閣下に対して何も恨みはありません。ただわれわれの考えている躍進日本の将来に対して閣下と意見を異にするが為に、やむを得ずにこういう事にたち至ったのであります」

「貴方はどなたですか」

「安藤輝三です。時間がありませんからこれで引揚げます」

安藤に習って、回りの兵たちも一斉に黙とうしてから立ち去った。引揚げていく安藤が、女中部屋の前を通るとき、

「閣下を殺した以上は、自分もこれから自決する」

と部下たちに言っていたのを聞いた女中は、そのあとすぐ鈴木夫人に伝えたという。

鈴木夫人たかは、元東京女子師範学校（現御茶の水女子大学）附属幼稚園の教諭で、明治三十八年から大正四年まで皇孫御用掛として大正天皇の三皇子、迪宮《みちのみや》、淳宮《あつのみや》、光宮《てるのみや》の養育に当たった人であった。鈴木夫妻はいわば昭和天皇、秩父宮、高松宮三兄弟の親代わりなのであった。その鈴木が襲撃されたことは、自分の親が銃撃されたも同然であるから、そこだけとっても、天皇が激怒したのは当然だ。

鈴木は駆けつけた東大教授塩田広重博士が診察すると、まだかすかに脈があった。そこですぐに止血《しけつ》の処置をしてから、自ら円タクで近くの日本医大に搬送《はんそう》した。

安藤大尉からとどめを刺されず、鈴木は命拾《いのちびろ》いした。夫人の一言に安藤は動かされたようだが、のちに「武士の情け」とか、「さすがは安藤」と、賞賛の声が上がっ

た。

のちに獄中にあって処刑の日を待っていた安藤は、鈴木が命を取り留めたことを知って、喜んでいたそうだ。安藤は鈴木が甦生すると読んで、とどめを刺さなかったのだろう。

彼はかつて侍従長を官邸に訪ね、鈴木と長時間話しあったことがあったが、鈴木の自伝にはこう記されている。

《この事件の二年前、安藤君は民間の友人三人で来訪されたことがあった。その時の陸軍青年将校の一部に提唱された革新政策について、いろいろと述べられて私の意見を訊ねられた。

私は次の三点をあげて非常に間違っていることを述べて反駁した。まず第一は、軍人が政治に進出し、政権を明断するのは明治天皇の御勅諭に反する。軍人が政治に精力を費うようになれば、武力は弱まり、外国との戦争においてははなはだ危険な状態になる。そういうことから、軍人は政治にかかわらずと御勅諭でお示しになった。

第二に、君は総理大臣を政治的に純真無垢な荒木（貞夫）大将でなければいかんといわれるが、一人の人間をどこまでも、それでなければいかんと主張することは、天皇の大権を拘束することになりはしないか。

第三に、農村が疲弊し、兵に後顧の憂いがあるから、軍人の手でこれを改革し、戦争に強い軍隊にしなければならぬというが、日本国民は君のいうように、外国と戦さをするのに後顧の憂いがあって戦えない民族だろうか、と日露戦争やフランス革命時の軍隊（ナポレオン）を例に話した。

「この問題を強調したら、安藤君は、今日は誠に有難いお話を伺って胸がサッパリしました。よく分りましたから、友人にも説き聞かせますと云って喜び、また他日教えを受けることにしたいと言って辞去した。そして帰る途中、同伴の友人に、どうも鈴木閣下は見ると聞くとは大違いだ。

あの方は丁度西郷隆盛そっくりだ。これから青山の友人の下宿に立ち寄って、皆にこの話をしてやろうと語られたと聞いたが、素直に少し強過ぎると思うくらいの言葉さえ使って、三十分と申し込まれた面会の時間を三時間も、たしか昼食まで一緒にして語った甲斐があったと思った。

その後数日経って、安藤君から重ねて座右の銘にしたいからといって、私に書を希望して来たので書いて差し上げたはずである。安藤君は、確かにその時は私の意見に同意された。しかし、同志に話した上で、同志を説得するに至らず、却って「安藤は意志が動揺した」といって評判された。

首領になっていたから、抜き差しならぬ場面に追い詰められて、あのまま遂に実行するに至ったが、その上で自決の決心もしたのであろうと思う。真に立派な、惜しいというよりは、むしろ可愛い青年将校であった》

事実、安藤は決起に当たって、なかなか腰を上げようとしなかった。標的にしなければならない、鈴木貫太郎のことも頭にあったはずだ。それでも仲間と国家改革運動を盛り上げてきたリーダー格であるから、苦境に追い込まれてしぶしぶ立ち上がった。侍従長襲撃はほかの将校に委《ゆだ》ねる方法もあったが、避けることにした。安藤は鈴木への自身の個人的感情を乗り越えなければ、昭和維新は成就《じょうじゅ》しないと思い詰めたのだろう。

あのとき、倒れている鈴木に安藤はとどめを思いとどまり、自らはその後刑死していった。「安藤君は可愛い青年将校だった」と哀惜《あいせき》の念を禁じ得なかった。鈴木貫太郎。武士道に通じた両者には、以心伝心《いしんでんしん》のような糸が交叉《こうさ》していたのかもしれない。

凄惨な現場となった、普段は静かな千鳥ケ淵の片隅《かたすみ》にも、一片《いっぺん》の心温まるエピソードはあった。

■内大臣斎藤實私邸

神田神保町で用事をすませたあと、急に思い立って、赤坂離宮《あかさかりきゅう》から四谷方面を歩いてみた。

地下鉄四ツ谷駅の西側から道路を渡ると、小さな四谷見附公園に抜ける道がある。江戸城下三十六見附のうち、現存するのは赤坂見附、牛込見附と、この四谷見附だけだそうだ。なるほど今に残る石組の一部に城下の番所跡の面影を残している。

公園を抜けると、赤坂離宮と向き合う学習院初等科の門前に出た。その脇を左に回り込んでそのまま下がって鉄砲坂に下っていくと、身丈には少し大き過ぎるランドセルを背負った学習院の生徒たちが、塀に沿って帰って行くところだった。

鉄砲坂に向かってさらに下りていくと、高台で見晴らしのよいここからは、新宿の高層ビル街が見渡せる。江戸時代にはこの辺一帯は幕府の御持筒屋敷《おもちづつやしき》の鉄砲稽古場だったところから、谷の方に下る道に鉄砲坂の名がついたのだそうだ。

■その日の早朝

斎藤實《さいとうまこと》の屋敷跡はこの高台にあった。斎藤は私の好きな海軍軍人である。というより、海軍を退いた後の、天皇の側近時代の斎藤がいい。政治家に向いていたとは思わないが、読みが深く、リベラルな国際感覚を身につけた親英米派の提督《ていとく》であった。

元海軍大将で首相を務め、事件当時内大臣だったその斎藤實を襲撃したのは、歩三の坂井《さかい》直《なおし》中尉を隊長に、麦屋清済《むぎやきよすみ》、安田優《やすだゆたか》、高橋太郎の各少尉以下総勢二百十名であった。

営門を四時二十分に出発すると、左に折れて青山一丁目に出た。本来は青山通りを突っ切ってそのまま今の外苑東通りを大宮御所に沿って北上↓権田原《ごんだわら》で右折↓安鎮坂《あんちんざか》を御所に沿って直進↓赤坂離宮に近い中央線の陸橋↓斎藤邸に行くのが近道であった。因みに斎藤の私邸は四谷区仲町三丁目四十四、現在の地番は新宿区若葉一丁目二十一番地である。

斎藤實

だがこのコースは皇宮警手に怪しまれる恐れがあったので、青山通りに出たところで左に折れ、青山二丁目の信号を右に回ることにした。明治神宮外苑を左回りで絵画館の裏手に回り、信濃町に出てから中央線の線路を渡る。正覚寺で油揚坂《あぶらげざか》方向に右折、突き当りを再度右に曲がり、鉄砲坂の急な坂道を登り切った右角が斎藤邸であった。

だが討ち入り決行二日前の二十四日夜八時半頃、ハンチングで坊主頭を隠した和服姿の男たちが、内大臣私邸の周辺を探っていた。歩三の坂井直、麦屋清済、高橋太郎の三人の将校である。地形を確認して侵入路と退路、歩哨線を張る兵の配置を決めていたのだ。

青年将校らが探査《たんさ》した最大の目的は、内府が官邸にいるか、私邸にいるのかを探ることにあった。官邸は常時警備が厳重で、有事《ゆうじ》に備えて隠れ部屋があるのが普通であるから襲撃しにくいのだ。

ところが二十四日は偵察《ていさつ》の結果、《其時内府邸ノ巡査ガ不在ナリシ為、内府ノ不在ヲ知リ、若干悲観シマシタ》と、軍法会議で高橋太郎は供述する。

だが翌朝、出勤途中に高橋がもう一度、私邸前を通ると、《門ノ処ニ警官ガ二、三人居マシタノデ、内府ノ在宅ヲ知リ、中隊（歩三）到着後、坂井中尉ニソノ旨ヲ告ゲマシタ》となる。

事件前日の深夜、斎藤内大臣と妻春子がグルー大使夫妻に玄関先まで見送られて、アメリカ大使館を車で出たのは十一時半。その夜は、鈴木貫太郎侍従長夫妻らと、大使に招かれて晩餐会《ばんさんかい》と初めて見るトーキーを楽しんだ。雪の中を私邸に帰り着いたのは、日付がちょうど二十六日になろうとしている時刻であった。

軍法会議の判決文によると、襲撃当日の凄惨なドラマはこうして始まった。

《……四時二十分頃兵舎（歩兵第三連隊）ヲ出発シ、同五時頃斎藤實私邸ニ到着シ、麦屋清済ハ機関銃、軽機関銃及ビ小銃分隊各若干名ヲ以テ同邸外ノ警戒ニ当リ、坂井直ハ突入隊ヲ率ヰテ表門ヨリ同邸内に侵入シ、続イテ高橋太郎、安田優モ突入隊ヲ率ヰテ邸内ニ侵入シ、共ニ同邸裏手ニ廻リ、軽機関銃ヲ発射シテ女中部屋ノ雨戸ヲ破壊シ闖入《ちんにゅう》シ、家人ニ内府ノ寝室ヲ確メ同室ニ至リ、折柄起キテ来レル斎藤内府ニ対シ、坂井直、高橋太郎、安田優及ビ歩兵伍長林武ハ拳銃ヲ以テ各発射シ、内府ノ左心臓部、右側前額部、ソノ他全身ニ数十箇所ノ銃創ヲ負ハシメ同人ヲ殺害シ、ソノ身ヲ以テ内府ノ危害ヲ防ガムトシタル妻春子ニ対シ、過ツテ右側前腕関節部貫通銃創ヲ負ハシメタル上、同五時十五分頃、一同同邸ヲ退去シ……》

正門の裏側は谷に向かって崖《がけ》になり、屋敷の右手は鉄砲坂で斎藤邸は崖の上であるから、退去できないことを、三人の将校はよく知っていたのだ。

■弔問したグルー大使

グルー大使は事件の翌日、沈痛《ちんつう》な面持ちで斎藤家を弔問した。星条旗を掲げたアメリカ大使の車とはいえ、厳戒態勢《げんかいたいせい》が敷かれた雪の道を行くには勇気がいったはずだ。そもそもアメリカ大使館に戒厳司令部が勝手に土嚢《どのう》を積み上げ、警備兵をつけていたから、皇軍相撃《あいう》つの状況になれば、反乱軍の攻撃を受ける恐れがあったのだ。

赤坂のアメリカ大使館を出た大使の車は、反乱軍と鎮圧部隊が睨《にら》み合う永田町を避け、溜池から赤坂見附、さらに四谷見附を迂回《うかい》しながら、四谷仲町に出た。

斎藤宅訪問の模様は、当日の日記に記されている。

《二月二十七日。恐ろしい時であり、私はたった今、斎藤家弔問という悲愴な経験をすませて帰って来たばかりである。昨日彼が殺されたその家で、彼の遺骸が白布をかぶって畳の上に安置されている部屋へ案内されたが、おそらく彼が殺された部屋なのであろう。

ひざまずいて焼香し、喪に服している家族の方を振り向くと、あの愛すべき斎藤子爵夫人（註：春子）が、私の真ん前に座っていることに気がついた。昨日、夫人は自分の傷の手当てを受けて病院にいたのだが、愛する夫とともにあるため、腕を三角巾

で吊って無理に出てきたに違いない。》
それから斎藤夫人は、大使に遺体を見るかと尋ねてから、そっと白布を取りはずした。
《そこにはいつもの白髪の老紳士が、まだ覚めやらぬまま深い眠りについていた。安らかな寝顔であった。頬に銃弾の傷が一つ見えたが、三十六発受けた傷の一つだったことを後で知った。》
だが検視官の証言では、斎藤が受けた銃弾は四十一発で、使用したのは軽機関銃と拳銃であった。しかも反乱軍の標的になった人間たちは、七十歳をとうに超えた老人ばかりで、元老西園寺公望《さいおんじきんもち》は直前にリストから外れ、湯河原にいた元宮相牧野伸顕《まきののぶあき》は襲撃したものの、途中で止めている。
高橋是清と渡辺錠太郎は、最後に付け足しでリストに上ったのであるから、当初から最大の標的は斎藤實、鈴木貫太郎、岡田啓介の三人だったことになる。いずれも海軍大将まで登りつめた長老で、ことのほか天皇の思召し《おぼしめ》篤《あつ》き者ばかりである。
そこで決起した青年将校たちがレッテルを貼った「君側《くんそく》の奸《かん》」の意味は、どこがどう「奸」なのか、分かり難い。それでもこの海軍トリオは現役の内大臣、侍従長、総理大臣であるから、「君側」であることだけは間違いない。

となると、君側の中に陸軍出身者が入っていれば、そもそもクーデターはなかったのではないか。青年将校たちには、天皇を自分たちの側に引き寄せるために、邪魔な存在を「君側の奸」と決めつけただけなのだ。彼らには陸軍の統制派など眼中になく、じつは海軍の長老が標的だったのだから、海軍首脳が怒り心頭にきたのは当然だった。急ぎ陸戦隊を芝浦から上陸させると、海軍省周辺の守りに就いた。

一方、四国沖で演習中だった高橋三吉率いる連合艦隊は、直ちに東京湾に急行する。反乱軍が立《た》て籠《こ》もるとすれば、頑丈《がんじょう》で広い国会議事堂とみられていた。旗艦《きかん》長門《ながと》の主砲四十三サンチ砲が、国会議事堂に向けられ、これが火を噴けば、一発で議事堂は吹き飛ぶはずだった。しかも内乱を予想した海軍は、艦艇に天皇を引き取って一戦構える案も検討されていたという。

そもそも昭和に入ってから陸軍の横暴《おうぼう》ぶりを見てきた天皇は、陸軍を嫌っていた。反乱軍将校のそんな焦《あせ》りが、天皇を手中に収め、荒木貞夫を首相にして天皇親政の昭和維新を成し遂げるというストーリーに駆り立てたとみられる。

これには、過ぎし日の幕末から明治維新にかけての動乱がモデルになった。彼らは自分たちを、天皇を担《かつ》ぎ出した西南雄藩《せいなんゆうはん》の志士たちに置き換えているのだ。あのとき若き帝も神輿《みこし》に乗ったではないか。だから今度も天皇は、青年将校らが描いたグランド・デザインに乗ってくるはず、と読んだのである。

だが幕末は未だ近代国家誕生の夜明け前で、国造りの枠組みができ上がっていなかったから可能になったのであり、「昭和維新」は所詮《しょせん》はアナクロ的思想の域を出ていない。

そもそも二・二六事件の首謀者たちの中には、かつて明治維新を成し遂げた西南雄藩出身の者が目立っている。自分たちの行動と理念を、「昭和維新」と銘打《めいう》った所以《ゆえん》もそこにあったのだが、郷土の先輩たちの熱い血潮《ちしお》が乗り移ったようである。

丹生誠忠中尉、菅波三郎大尉（事件には不参加）、池田俊彦少尉が薩摩《さつま》の出身、磯部浅一、田中勝中尉は長州《ちょうしゅう》、香田清貞大尉、栗原安秀中尉、中橋基明中尉は佐賀、安田優、清原康平両少尉が肥後《ひご》といった具合である。

だがやりかたが悪すぎた。斎藤は無抵抗の七十八歳の老人。それを至近距離から軽機関銃まで使い、これほどの弾数を撃ち込んだのは、〝なぶり殺し〟以外のなにものでもない。高橋是清に対してと同様、この事件のもっとも醜悪《しゅうあく》な部分である。

■事件の目撃者

斎藤内府の息子（養子）に姉が嫁いでいた作家の有馬頼義《ありまよりちか》は、事件当夜、隣棟に泊まっていて事の顚末《てんまつ》の一端を目撃した。有馬は昭和四十二年二月二十五日の朝日新聞夕刊の「二・二六事件と私」というコラムに、あれは「革命ではなく人殺しだ」と書いて話題を呼んだ。さらに有馬は、『二・二六事件暗殺の目撃者』の中に書いている。

《私は、道路を見て愕然とした。ちょうど目の下に、内大臣斎藤實邸の鉄の門があり、それはひらかれていた。その門外の正面に軽機関銃が据えられ、一人の将校が、そのうしろに立っていた。

それだけではない。そこから、大通りへ通じる四メートル幅の狭い道には、四列縦隊の兵隊が、雪の上に折敷《おりしき》して、その長さは、三百メートルに及んだ。後に明らかにされたところでは、斎藤邸襲撃に加わったのは、将校以下二百名であったから、中央線の陸橋あたりまで、その静粛な待機部隊は続いていたと思われる。》

千数百坪ほどの斎藤邸は、現在では高級マンションになっている。有馬が記述する四メートルほどの道路幅は今も変わらず、正面玄関から右手にまっすぐに伸びた道路は、両側のマンションの群れの間を通って、下の中央線・総武線の陸橋に至る。

襲撃を終えた部隊は、いつまでも現場に留まっている余裕はなかった。予定では学習院初等科を回ることになっていたようであるが、急ぐことにして表の通りから右手の中央線方向に引き上げ、朝日橋という陸橋を渡って、外苑外堀通りに出ていった。

いま屋敷跡に立つと、ここで起きた凄惨な事件、その翌日に弔問《ちょうもん》したグルー米駐日大使の無念、そして銃殺刑に処《しょ》せられていった将校たちの、断末魔《だんまつま》の叫び声が脳裏に浮かんでは消えてくる。

朝日橋

このマンションに住む品の良い中年の女性は、「二・二六事件で、斎藤内大臣がここで殺害されたことは知っていますよ。でもあまり気にならなくなりました」と言って笑った。

過ぎていった歳月とは裏腹に、消えることのない苦い歴史の証人となった地は、ここにもあった。

■渡辺錠太郎教育総監私邸

思わぬ事件に巻き込まれ、不慮《ふりょ》の死を遂《と》げた人に向けられる「なぜあの人が」という地元住民の反応は、大方は憐憫《れんびん》の情で、これは古今東西不変のようである。かの吉良上野介も江戸本所松坂町や、領地三河国幡豆郡《やずぐん》では名君として人気があったから、民にとっては痛恨《つうこん》の極《きわ》みだったらしい。

時を隔《へだ》てて二・二六事件で陸軍大将渡辺錠太郎が殺害されたときも、杉並荻窪の住民たちは、「たいへんだ、たいへんだ」で、町民こぞって大騒ぎになった。毎朝、着物姿でぶらっと散歩に出る、〝わが町の陸軍大将〟は、だれとでも気さくに挨拶《あいさつ》を交わしたり、立ち話する人だったそうだ。

そう語るのは、近所の初老の男性である。「私は生まれていなかったから知りませんが、親父がよく言っていました。人となりも知っていたから、大変なショックだったと。このへんには古い家が残ってますから、子供や孫がそのまま住んでいる場合も多いです。でも事件をまったく知らない人のほうが多いんじゃないですか」

ここは荻窪駅から西荻窪駅方面に、線路沿いの商店街を通り、光明院の裏の細道を抜けて二本目の露地を入ったところである。古い住居表示で杉並区上荻窪二丁目十二、現在は杉並区上荻二丁目七番地三〇号になり、すぐ裏手を中央線が走っている。

戦後近所に越してきたという住民は、「渡辺さんの家は、和洋折衷《わようせっちゅう》の大きな家で、随分《ずいぶん》しゃれた雰囲気でしたね。そのあとは、お化け屋敷みたいに草ぼうぼうでした。三年ほど前に、今のマンションに建て替えられたんです」。

建て替えの際に渡辺家の同意を得て、杉並区郷土博物館が内部調査をし、銃弾《じゅうだん》の跡が残る壁や座卓《ざたく》などの遺品が、博物館に寄贈された。

地下の収納庫に収まっていた遺品が、私の目の前で学芸員の手によって包装が解かれていくと、故人の写真、メモなど、意外なものが次々に出てきた。中でも、室内の照明器具、応接室のステンドグラスに刻まれた、十字架を模したデザインなど、外国生活が長かったこの家の主の経歴と趣味を物語っていた。

事件当時、近所に住んでいた井伏鱒二《いぶせますじ》は、『荻窪風土記』に、「事件にまつわる話」を書いている。

二・二六事件で破壊された渡辺錠太郎邸

前日の夜遅くまで知人と将棋をさし、未明に床につくと、玄関の土間に朝刊を入れる音がした。「私がそれを取りに起きて再び横になると、花火を揚げる連続音が聞こえてゐた。いつも駅前マーケットで安売りする日は、朝早く花火を揚げる連続音が聞こえてゐた。『今日は早くからマーケットを明けるんだな』。私は独りでさう言って、新聞を顔の上に拡げたきり、寝てしまった」

昼過ぎに起きて井伏が銭湯に行くと、浴客の話し声が大きく響いていた。

「光明院の裏通りの渡辺さんが、機関銃で襲撃されたんだってねえ」

早朝に聞いた花火音は、機関銃の音だったのだ。

だが井伏は、事件前日に不思議な光景を見ていた。

「二月二十五日、私は都新聞（現東京新聞）学芸部を訪ねた。寒い日であった。三宅坂のところからお濠の方を見ると、野生のカモのほかにユリカモメがたくさん何百羽も集まってゐた。お掘りに浮いているものもあり、あたりを乱舞してゐるものもあった。海上が荒れるかどうかして、陸のお濠に避難してゐるのだろう。空は青く晴れ、皇居の上に出てゐる太陽を白い虹が横に突き貫いてゐるのが見えた」

不思議な現象だと思った井伏は、すぐに都新聞で広辞苑を引くと、「白い虹が太陽を貫くと、『白虹《はくこう》』といって兵乱の前兆である」（史記）と、書いてあった。

「二・二六事件があって以来、私は兵隊が怖くなった」とも書いているが、井伏は開戦翌年の春、日本占領下にあった昭南島（シンガポール）に陸軍徴用の宣伝班員として送られた。そこではタバコをふかしたまま、かの山下奉文《やましたともゆき》将軍に挨拶《あいさつ》しなかったことで、井伏は山下から「礼儀を知らん奴はさっさと日本へ帰ってしまえっ！」と、すごい剣幕で叱られたエピソードをもっている。

渡辺錠太郎教育総監は、事件でただ一人標的にされた陸軍軍人であった。生家が貧しく、小学校も中退せざるを得なかったという。それでも、その後陸軍看護兵になると、上官から勧められ、陸士を受けてパスしているから、よほどの秀才であったに違いない。

しかも頂点の陸軍大将まで登りつめたのだから、艱難辛苦《かんなんしんく》の末に立身出世を遂げた男のサンプルである。陸大を出てドイツ駐在武官補佐官、オランダ公使館附武官、陸軍大学校長、第七師団長、台湾軍司令官、陸軍教育総監と、そのキャリアも華麗だったが、リベラルな軍人だったといわれる。

だが最後の陸軍教育総監の椅子が、皇道派青年将校たちの怒りを買ってしまった。自分たちの親分・真崎甚三郎《まさきじんざぶろう》が更迭《こうてつ》された直後の就任だったから、総帥・荒木貞夫《あらきさだお》と皇道派の失墜と映ったとみられる。

事件が派閥抗争にも原因があったとすれば、青年将校たちの国家改造という志が、いかにも狭隘《きょうあい》で低次元なものになってしまう。ヤクザの抗争にみられる構図と大差ないからだ。これでは「農村の救済」「社会保障制度の確立」などのキーワードも、言い訳に付け足した感じさえする。

一説には、渡辺が天皇機関説擁護派だったからともいわれるが、皇道派がこの学説を攻撃する意図には、「天皇」と「機関」とが天皇神聖化という信仰の妨《さまた》げになる、あるいは馴染《なじ》まないというに過ぎない。そこにあるのは理ではなく、感情論だ。実際この事件では、渡辺の殺害現場も惨《むご》いものだった。

斎藤實《さいとうまこと》内大臣殺害を終えた部隊の中から、渡辺の私邸襲撃に向かったのは、歩三の高橋太郎少尉、野砲兵第七連隊の安田優少尉率いる下士官以下三十名である。

彼らは斎藤邸を出て、下を中央線が走る朝日橋を渡って下に降り、赤坂離宮前で歩三差し回しのトラックに乗ると、杉並区上荻に向かった。

だがそこから十二キロあり、おまけに雪道であるから一時間も要している。出発が遅れたのは、思わぬハプニングに見舞《みま》われたからである。斎藤邸と渡辺邸に向かう出動部隊が原隊（歩三）を出る直前になって、警戒隊長の末吉常次軍曹と、兵器係の中島軍曹が失踪《しっそう》してしまったのだ。これで弾薬の分配が三十分も遅れてしまう。のちにこの二人の下士官は、用便《ようべん》に行くふりをして、青山四丁目の第一中隊長矢野正俊大尉宅に変事を報せに走ったことが判明する。

結局、斎藤邸襲撃を終えた安田少尉らが、渡辺邸に向かったのは五時四十分。通常なら彼らは新宿をへて青梅街道を行くはずだが、中央線の大踏切で、青木賑吉という渡辺大将と親しい男が、一台の軍用トラックを見かけていた。青木はここの踏切番をしていた男で、渡辺の朝の散歩コースだったことから、親しく口をきくようになり、渡辺家にも出入りするようになった。その後の再就職の世話までしてもらっていたというから、苦労人渡辺の人柄を物語るエピソードである。

それはともかく、この時間帯に雪の中を杉並方面に向かっていた軍用トラックはいなかったと考えられるので、ここからは、前出の作家有馬頼義の推論では、五日市街道から高井戸に出て、大踏切に出たはずという。青梅街道は目立つからだろうか。

その日、渡辺家では二階に二人の憲兵が休んでいて、夫妻は階下の部屋で、数え年十歳の二女和子を間に川の字になって寝ていた。

襲撃部隊は裏門を開けると、勝手口から入ってきた。渡辺家では普段から門の鍵を厳重にしていたので、銃で壊したらしく、裏門の方が先に開いた。

朝の早い渡辺夫人は、二人の女中とお勝手にいたところを侵入されたので、両手を広げて阻止《そし》したがはねのけられてしまった。

射撃の名手だった渡辺は和子を机の下に隠すと、すぐにピストルを発射する。和子によれば、とうとう二階の憲兵たちは、闖入《ちんにゅう》してきた兵たちに、まったく応戦しなかったという。事実ならクサイ話だ。渡辺の馬丁《ばてい》が、「お父様はどの部屋でお休みですか」と、和子の兄や姉に確かめていたという事実も、背後で組織が動いていたことを示している。

結婚して渡辺家の二軒隣に住んでいた長女政子（当時三十三歳）が、激しい銃声を聞いたのは六時半であった。その直後、異変を告げる渡辺家の女中からの電話の向こうに、銃声がなおはっきり聞こえたというから、これは生々しい。

まもなく襲撃部隊が引き上げたのを見届けた長女が実家に駆けつけると、下の階の十畳の部屋に寝ていた父親の惨状《さんじょう》を見ることになる。政子の証言では、父に撃ち込まれた銃弾の数は四十三発であった。肉片が天井まで飛び散り、顔から肩にかけてトドメの刀傷《にんじょう》が一箇所。後頭部にもトドメのピストルの一発が撃ち込まれて、穴が開いていた。

これを軍法会議の資料で見ると、

《高橋太郎、安田優ハ総監ニ対シ拳銃ヲ以テ射撃スルト同時ニ、軽機関銃手ヲシテ射撃セシメ、更ニ高橋太郎ハ軍刀ヲ以テ総監ノ頭部ニ斬リツケ、後頭部ソノ他全身ニ銃創、切創等十数箇所ノ創傷ヲ負ワシメ、同人を殺害シ……》

となっている。

青年将校たちは、「君側の奸」でない渡辺には、それほど深い怨念《おんねん》を抱いていたわけではなかった。海軍の長老だけを血祭りにするには、海軍を刺激しすぎると考えて、バランスを取る意味もあったと考えられる。それでも結果は凄惨《せいさん》の一言である。

渡辺は、この日が来ることは覚悟していたようである。前出の青木賑吉が、事件前日に訪ねると、「書を書いておくからもっていたまえ」と言って、その場でさらさらと「禍福無門唯人所召」(禍福《かふく》は門無し唯《ただ》人の召く所なり)と書いてくれた。災いと幸せとは、みな人が自ら招く所で、その来るに一定の門戸はない、という意味である。

渡辺にしてみれば、自分は国軍の教育刷新に努めてきたつもりなのに、(青年将校らの)誤解や反発という結果は、自分が招いたもので仕方ないという、悟《さと》りの境地ではある。しかしその中身は、無念な心境を吐露《とろ》しているようである。

これには天皇機関説を容認する渡辺が、過激な青年将校運動のリーダーたちから槍《やり》玉《だま》に挙がっていたという背景があるが、いずれ近いうちに斃《たお》されることを予感していたようだ。

教育総監を務める陸軍大将ともなれば、組織を睥睨《へいげい》しているようにみえる。だが派閥抗争に嫌でも巻き込まれたり、恨《うら》まれたりする、危険な椅子だったのだ。

一方、父親が殺害される姿を一部始終目撃していた和子は、この事件がきっかけになったのかキリスト教に帰依《きえ》し、後年、岡山のノートルダム清心女子大学長を務めた。

今も健在の和子は事件の手記を書き、ジャーナリストの取材にも応じているが、「私は父を殺した人に対しては、恨みをもってはおりません。しかし父の脚を先ず撃って動けなくし、それから機関銃というのは、あまりに残忍です。父を殺すのに、少しは礼儀というものを知っていてほしかったと思います」と語っている。

それでも事件で処刑《しょけい》された将校たちの命日にあたる一九八六年七月十二日、彼女はわざわざ岡山から上京して、彼らが眠る麻布の賢崇寺に詣でたという。

彼女の父渡辺錠太郎を殺害した安田優少尉の実弟・善三郎から、先日、私に次のような一文が送られてきた。

「修道服に身を包んだ渡辺和子先生が、兄たちの墓前に額づいて下さったことは生涯忘れることができません。世の中にこんなことがあってもよいものかと思い、私は深い感動に打たれて号泣してしまいました。

それまで兄を事件への参加を仕向けた人や兄を恨み、処刑した側を恨みました。犠牲になられた方々のご遺族を冒瀆《ぼうとく》することにもなりますが、できれば逆の立場の方がどれほど楽かと思ったことも告白しなければなりません。

その一方で、兄は正義のために事件に参加したのだと思い上っていたこともあります。しかし今は事件を正視し、犠牲になられた方々のご冥福とご遺族のお幸せを祈り、静かに兄を弔わなければと思うようになりました。渡辺和子先生のお導きのお陰です」

事件はあまりにも多くの人間たちに、苦痛を強いてきたが、今もそれはつづいているということである。

■警視庁

皇居のお濠を挟んで、桜田門の向かいにある警視庁も、二・二六事件の決起部隊には、重要な拠点の一つになった。軍が警察を押さえに向かったのは、相手は武器を持つ集団であるから、武力で制圧する必要があったためではあった。だがその根底には、別の思惑があったのだ。

そもそも皇居は、千代田城の昔幕府の拠点であった時代から、それぞれの門の警備には神経を使ってきた。大老井伊直弼《いいなおすけ》が殺害されたのは桜田門を出た所だったが、門の周囲は権力と権力のぶつかり合う、反動のエネルギーを呼び込みやすい。実際、危険きわまりない空間なのだ。

半蔵門に押しかけた近歩三の決起部隊の場合は、権威の象徴を権力側に引き入れるためだったが、警視庁に向かった部隊の場合は、本当の目的は向かいの宮城に押し入る手はずの先遣《せんけん》部隊に、援軍を送り込むことにあった。

いま桜田門の前に立ち、宮城を背にしてあたりを見渡すと、警視庁に始まって桜田通りの両側は国家機関が目白押しであるから、「なるほどこれは危ないドラマチックな場所だなあ」と思わずにはいられない。

そこで、時は昭和十一年二月二十六日未明に遡《さかのぼ》る。警視庁占拠に向かったのは歩三の第七中隊長・野中四郎大尉以下五百名で、この中に清原康平、鈴木金次郎、常盤稔の三少尉がいた。相手は武器を持った集団であるから、用意した装備も機関銃八挺、同実包四千発、軽機関銃十数挺、同実包一万発。さらに小銃数百挺、同実包二万発、拳銃十数挺に同実包千数百発と物々しい。この重装備は、先に触れた宮城占拠部隊の近歩三と、宮城内で合流することになっていたからである。

歩三の野中部隊は歩一の栗原部隊、丹生部隊と途中まで行動を共にするため少し早めに出て、打ち合わせ通り四時半に、歩一の営門前に到着。ちょうど中から出てきた栗原部隊を先頭に、丹生部隊、そして野中部隊はしんがりについてすぐに出発した。そこは先にも指摘したように、今の東京ミッドタウン・プラザのあたりである。

長い縦列《じゅうれつ》は雪を踏んで黙々と進んでいく。襲撃相手は武器を持つ集団であるから、波乱が待ち受けるはずの雪中行軍《せっちゅうこうぐん》である。

溜池交差点を右に曲がり、特許庁の前で、首相官邸、陸軍省方面に向かう栗原、丹生の部隊を見送ると、野中部隊はそのまま直進し、虎ノ門の交差点を左に折れて霞が関方面に向かう。左手に外務省、右手に海軍省（現在の農水省）を見て、桜田門と向い合った警視庁に到着したのは五時であった。

先ず部隊は交通の遮断《しゃだん》と外部者の侵入や反撃を食い止めるため、三宅坂、日比谷方面の道路に歩哨線を敷いて機関銃と軽機関銃二挺ずつを据え、桜田通りを挟んで向かい側の司法省前にも機関銃二挺と小銃一分隊を配備した。

警視庁

それから野中隊長は警視庁幹部と、無血占拠を交渉する。といっても当直員も少なく、やっと当直の特別警備隊の小隊長が起きてきたので、野中は決起趣意書《けっきしゅいしょ》を手渡し、「目的を達するまで一時借用したい」、と明け渡しを要求する。一刻も早く占拠を完了させたい野中は、「お互いに衝突を避けようじゃありませんかと再三繰り返した」（常盤調書）という。

こうして警視庁は、あっけなく無血で城の明渡しが実現した。清原調書でも「警視庁と折衝の結果、同庁の明渡しを受け……」という言い方をしているが、一人の死傷者も出さずにすんだことが、のちの軍法会議でポイントの一つになった。写真で見ると眼光鋭《がんこうするど》く、凛々《りり》しい野中隊長は、このときも実に紳士的だったそうだ。隊長の野中だけは警視庁を引き上げる際に自決して果てたものの、他の少尉たちは、懲役刑ですんだのである。

警視庁の占拠が決まると、清原少尉は早速三人の信号兵と中隊の一部を引き連れて屋上に上がり、宮城の方から送られてくるはずの手旗信号か、フラッシュ・ライトによる合図を待った。

だがいくら目を凝らしても一向に変化はなく、宮城は暗闇の中に眠ったままである。合図を受け次第、部隊から援軍を差し向ける手はずになっていたのだが、先述したように、宮城に入るはずの中橋部隊が、占拠に失敗したのである。

ともかくそれ以後三日間、警視庁は野中部隊の手中にあり、空き室を使って交代で仮眠をとったり、炊き出し《たきだし》の食事や用便に立つことができた。

このとき、警視庁を占拠した歩三の反乱軍兵士の中に、この年の一月十日に入隊してきたばかりの小林盛夫という新兵がいた。のちの五代目柳家《やなぎや》小さんである。

彼らが中庭で焚火を囲んでいると上官の一人から、「小林二等兵、一席やれ」の命令がかかり、得意の「子ほめ」を演じた。

だがみんな緊張していたせいか、誰も笑う者がなく、しまいには、「おもしろくねえーぞ！」と野次が飛ぶしまつ。そのとき小林二等兵少しもあわてず、「そりゃそうでしょう。やってるほうだって、おもしくねぇーんですから」と切り返すと、ドッと笑いが起きた。

本来は笑いをもっとも取れる演題の一つなのだが、「あのときほど笑いのとれないことはなかった」と、後年回想する。

その後、小林らは満洲に送られたが、昼間の演習の後の夕食が済んで団欒《だんらん》のひと時ともなると、部隊の中で即席のお座敷がかかり、ひっぱりダコ。お陰で厳しい内務班生活でも、陰湿《いんしつ》ないじめにあったりしなかったというから、芸は身を助《たす》くである。

■首謀者たちが眠る墓

麻布十番一ノ橋交差点の先、パティオ通りの坂道を上っていくと、商店街が終わった所で左手に長い石段の山門が見えてくる。奥の院は曹洞宗興国山賢崇寺。江戸時代には佐賀鍋島《なべしま》藩主の菩提寺で、境内には歴代藩主やその一族の、四メートルはある五輪塔が列をなし、鬱蒼《うっそう》とした木立の中に佇んでいる。

墓地の右側奥まった所には、「真白き富士の嶺」の歌で知られる、鎌倉七里ガ浜沖でボートと共に沈んだ、逗子開成中学の生徒の墓がある。十二名の中の一人、五年生松尾寛（当時十九歳）の墓で、若い命を惜しんだ、当時の開成中学校長田邉新之助が書いた碑文が見える。

その松尾家の墓の一列手前の左手奥にあるのが、二・二六事件で刑死《けいし》した、青年将校たちが眠る「二十二士之墓」である。「栗原死すとも維新は死せず」、と言い遺《のこ》して逝《い》った栗原安秀の父親勇が遺族会をまとめて合同碑が建てられ、青年将校たちの遺骨が納められた。

世間の目をはばかってか一坪半ほどの区画の墓で、碑文の裏には事件の年の七月十二日に銃殺された十五名、翌年八月十九日に銃殺された四人と自決した二人、そして事件の前年昭和十年八月十二日に執務中の軍務局長永田鉄山を殺害して、二・二六事件への流れを作った相沢三郎中佐も含めた、二十二名の俗名と戒名が刻まれている。

栗原安秀中尉は父親の任地島根の松江に生まれたが、もともと栗原家は佐賀の郷士であった。父親勇は陸士の教官も務めた陸士十二期の元陸軍大佐。大正末期の軍縮で退役していたが、事件後仏門に入り、息子やその同志たちを弔《とむら》う一生を送ることになる。佐賀鍋島藩ゆかりの寺賢崇寺に彼らを葬った経緯が、勇の遺稿《いこう》『悲しい思い出

二十二士之墓

二・二六事件』に綴られている。

これによると、青年将校たちが「死んだらあの世でみんな一緒に集まろう」と、申し合わせていたことを最後の面会日に栗原の口から伝えられた父親は、「よし引き受けた。あとは男らしく泰然《たいぜん》として行け」と言い含めたそうだ。

そこで栗原勇は、処刑直後に遺体を引き取りに来た遺族たちに小声で「一緒に賢崇寺に埋葬しますから、分骨しておいてください」と伝えて実現した。

もっとも、世間の非難、鍋島家の反対、戦争と敗戦後の混乱、そして米国の占領下にあった事情などから、今の墓が建立されたのは、十六年後の昭和二十七年、十七回忌の折のことだった。

処刑の日、昭和十一年七月十二日は、朝から東京の空は悲しいほどに晴れわたっていた。朝から始まったこの日の処刑はまず行動隊の十五人で、五人ずつ三回に分かれて行われた。銃殺刑であった。

代々木練兵場の一角にある陸軍刑務所の

敷地内で執行されたが、周囲にカムフラージュするため、日の出とともに機関銃の空砲があたりにこだましていた。

この代々木練兵場は、毎年、三月十日の陸軍記念日になると、白馬「白雪号」にまたがった天皇が、観閲式《かんえつしき》に臨《のぞ》んだ処であった。天皇に背《そむ》いた逆賊《ぎゃくぞく》の処刑現場になるとは、皮肉な話である。

栗原中尉の父親の遺稿には、こう綴《つづ》られている。

《実弾の音はことさら高くはっきりと聞こえるので、周辺の人々は「ああ……いま殺されているのか」と涙をこぼさぬ者はいなかったそうである。》

首謀者の中の村中孝次と磯部浅一は、空砲の中に交る実弾の発射音を、陸軍刑務所の中で聞いていた。同じ敷地内だからこちらは、より鮮明に聞こえる。銃殺がはじまると、磯部が「やられていますね」と話しかけると、壁を隔てた房にいる村中は「俺は撃たれたら血みどろの姿になって、陛下のもとに行くんだ」と応えたという。

この二人は陸軍士官学校事件とその後の過激な行動によって、事件の前年に軍籍《ぐんせき》を剥奪《はくだつ》されていたから、別扱いになった。事件の証人として翌年八月十九日まで生かされたのである。

十五人の処刑が終わると、遺族たちは棺《ひつぎ》のまわりに集まって遺体をなでていたが、まだ若いぬくもりを残しているその顔に、あらためて嗚咽《おえつ》した。処刑されたり、自決して果てた二十二人には、十四人の若い妻と十一人の子供が残された。私が遺族から聞いた話では、「あれから何年たっても、二月と七月という月が嫌でたまりません」「中でも初夏の晴れた日には、涙が出て仕方ありません」と漏らしていた。

その一人は、敗戦後に藤山一郎が歌った《「こよなく晴れた青空を、悲しと思う切なさよ（長崎の鐘）……を聞くのが辛かったです。本当の悲しみは、雨や曇りの日ではないことを悟りました」と語っている。そういえば処刑の日、「どこまでも青い空をうつろに見つめていたのを覚えています」と言う遺族がいた。

「二十二士之墓」とは別に、賢崇寺には栗原中尉の父親が建てた栗原家の墓がある。中尉の遺骨はここにも分骨されているが、墓碑に玉枝夫人の名はない。中尉の姉の長男に当たる宮下襃《みやしたのぼる》が、「叔母はのちに籍を抜いて再婚し、アメリカに渡って行きました。相手は日本人です」と語っていた。

玉枝夫人は宮下氏が言うように、たしかに美人である。写真で見ると、女優の吉永小百合によく似ている。栗原中尉の方も、前出の和田日出吉はじめ多くの人が、「眉《び》目秀麗《もくしゅうれい》の好男子だった」と言っているから、美男美女のカップルだったことになる。

玉枝夫人は事件後、死に装束で睡眠薬自殺を企てるが果たせず、その後、全く別の人生を歩んだ。これも遺された者の生き方の一つだろう。

平成二十三年七月十二日、彼らの七十六回忌の法要が賢崇寺で営まれた。あたりにツクツクボウシが鳴き出した本堂に導師の読経が朗々と流れる中、香田清貞にはじまって二十二名の俗名と戒名が、次々と読み上げられた。

その間、遺族は小声で唱和し、ある者は祭壇の横に並べられた遺影の中に、在りし日の姿を懸命に読み取ろうとしていた。

この日、出席していた遺族は二十三人。多くは甥《おい》や息子の世代に替わったが、その中に前出安田優少尉の実弟善三郎がいた。八十歳の後半になっていたが、遺族会の「仏心会」代表を近年まで務めた人である。私の質問には、

「二十四歳で逝った兄より私は十三歳も下でしたが、元気だった日々の会話や、面会した日のこともはっきり覚えています。兄は人を二人も殺していますのでね。斎藤實と渡辺錠太郎です。ですから死刑は仕方なかったと思っています。

世間にはあの事件にいろいろな意見がありますが、それでもわれわれは兄たちの遺志を、しっかりと受け止めています」と語る。

少尉で刑死したという別の将校の遺族は、「上級の指揮官たちは、まだ世の中のこ

とを知らない若い少尉たちまで道連れにすることはなかったと思います。仮に、『連れて行ってください』と言われても、『オマエたちは来てはいかん』、と言ってほしかったですね」と語っていたが、これも本音だろう。

一口に「決起した青年将校たちの遺族」といっても、それぞれ置かれた立場は一様ではない。

法要の席には、近衛歩兵第三連隊今泉義道少尉の子息今泉章利がいた。今泉少尉はもともと決起に反対していたが、二十五日の夜、鎌倉の実家に帰るつもりで家路《いえじ》についたところ、雪で帰れなくなり、隊に引き返すと中橋基明中尉から無理やり誘われたのは、不運だったというほかはない。

実行部隊が出ていくとき仕方なく同行し、中橋の指示で、高橋邸の外で控兵隊を率いて待機していただけだったし、高橋蔵相殺害を終えた中橋らと合流して半蔵門まで来た。

これまた門内で〝警護〟し、その後坂下門に回って重臣らが宮城に来るのを阻止するために、配置についていただけだった。そのため軍籍は剥奪《はくだつ》されたが、禁固四年の刑で済んだ将校である。

今泉少尉は、私の高等学校（当時の神奈川県立湘南中学）の先輩に当たる。この中学からは戦前、戦中は陸士・海兵に行った者が多く、戦死者も多く出たが、当時の赤木愛太郎校長は、戦後公職追放を受けた。

私自身は軟弱な湘南ボーイにすぎなかったが、多彩な人間たちが出た学校であった。

この日の法要で、香田清貞大尉の甥にあたる香田忠維《こうだただつな》が、遺族の手紙を代読した中に、村中孝次（元大尉）の長女からの一通があった。「体調がすぐれず出席できませんが、思えば遺族も七十五年の間、よく生きてきたと思います」という一節には、遺された者の、その後の人生の軌跡が垣間見えるように思われた。

苦難の道を歩んだ遺族たちの多くは、同じ悲しみを共有できる、ひとつタガの中にいるのだろう。毎年、二月二十六日と七月十二日には、遺族会「仏心会」主催の法要が営まれると、参列する関係者も増えた。

だが戦前は、仏心会の会合自体が警察や憲兵隊の監視下に置かれ、事件で殺害された遺族から冷ややかな視線も浴びることになった。反乱軍側の遺族会であるから無理もない。

それでも戦後、アメリカの占領が解かれてからは、仏心会や事件に関わった歩一、歩三、近歩三などの戦友会へ向けた世間の視線にも変化が起きた。それは当時軍内部にあって、決起将校たちに厳しい態度で臨んだ人間たちも同様であった。東条英機の未亡人勝子も、歩一の戦友会に出席して、「主人はあの事件で亡くなられた青年将校の方々には、いつも心を痛めておりました」と語ったという。

東条は事件当時、満洲の新京にあった関東憲兵隊司令官として、第二の二・二六事件の発生を何より恐れ、東京で起きた事件には、「天皇に対する不忠のきわみ」「天皇の軍隊を無断で出動させた」として、激怒していた軍人である。組織の保持には冷厳だが、一個の人間には優しかった東条にしてみれば、事件は軍上層部の指導力不足が生んだ悲劇、という思考に立ち返ったということらしい。

■処刑現場に立つ観音像

渋谷から公園通りを上っていくと、左手の区役所の先に、渋谷公会堂がある。このあたりは渋谷区宇田川町一番地一号で、この建物と、すぐ裏の渋谷法務局は、戦前は陸軍衛戍《えいじゅ》刑務所があった場所である。

その法務局の角に、いつも花束の絶えない「二・二六事件慰霊像」があり、人間の大人の背丈ほどの、白い観音像が穏やかな表情で見おろしている。たいていの人は気づかずに通り過ぎていくが、あの日、昭和十一年七月十二日朝、反徒となった彼らのうち、十五人が銃殺された現場なのだ。

処刑現場に立つ観音像

そこから道を隔てた向かいのＮＨＫ放送センターと、それにつづく代々木公園一帯は、当時は陸軍代々木練兵場であったから、その中の一角で空砲が撃たれた。カムフラージュのためには、空砲と実弾の発射場は近くなくてはならないから、空砲はＮＨＫ放送センターのあたり、銃弾は法務局の一角で発射されたはずである。

先に香田清貞、安藤輝三、栗原安秀らリーダー格の五人を見送ると、一時間近く待たされる中堅の丹生誠忠ら五人、さらに一時間後に処刑される若手の林八郎ら残りの五人、その後一年と少し待たされる村中、磯部らは、その双方の音を、渋谷公会堂のどこかで聞いたことになる。ことさら実弾の発射音は、彼らの胸にどう響いただろうか。

ある日のこと、観音像の前に佇んでいると、金縛りにあったように、その場を立ち去りがたかった。蝉しぐれの中に彼らの仲間のほとばしるような対話につづいて、断末魔の叫びが聞こえる気がしたのである。

これも遺族の言う「若い彼らの念力」なのだろうか。

■ドラマの終焉

昭和史に大きな爪痕《つめあと》を残したこの事件では、いったい何が彼らをあそこまで突き動かしたのか。怒れる獅子のような闘志をみなぎらせた栗原安秀と磯部浅一の二人の妖気に当てられ、引きずられていったということもあるだろう。

時代が閉塞感に覆われていたのは事実であり、あの若者たちは真剣に国家の変革を論じ合っていた。このほとばしるエネルギーは、現状打破に向かって、だれにも止められない大きな潮流を巻き起こしてしまった。

だが天皇の軍隊を勝手に動かした事実を除いても、憂国の情念の先にある国家改造という高い志がありながら、じつは彼らの内部の精神が見え難い。

事件で刑死した林八郎少尉（首相官邸襲撃）は、「やった者でなければ分かりませんよ」と、獄中で面会に訪れたかつての上官に語ったという。

たしかに心ある者が時代に行きづまりを感じて、新しい道を選択するとき、そこには必然的に過去・現在への否定と断罪が伴う。その場合、否定をエネルギー源として新しいもの、青年将校らの表現で言えば、維新にまっしぐらに向かうことになる。

彼らが指摘する政治悪、汗して働く者が貧しく、働かざる者が豊かという矛盾した社会構造への抗議……。そこまでは解るのだが、天皇の側近を殺戮《さつりく》して、荒木将軍を首班に頂き……という行動に駆り立てた精神の行き先に、清廉《せいれん》さと粘着力がないのだ。

しかも統帥の大権を犯して兵を私に動かし、殺人を犯している。それならいっそのこと、事件直後、将校たちは二重橋に向かって全員切腹していたら、格好良かった。世の中に警鐘を鳴らしたという意味で別の評価も生まれ、〝昭和の赤穂義士〟になった可能性もある。

徳川幕府を倒した明治維新では、官軍が天皇の権威を味方に抱え込んだだけでなく、新時代建設のグランド・デザインがしっかりとできていたから、革命が成功した。

そこに至るまでには血も流れたが、昭和天皇の側近を血祭りに上げたような、個人を標的にしたものとは質を異《こと》にしていた。二・二六事件では、斎藤實と渡辺錠太郎に四〇発以上の軽機関銃の銃弾を浴びせ、高橋是清の腕まで切り落とした、あまりにもおぞましい行為だけで終わってしまった。

元来、志と野望は紙一重だが、凄惨な結果を生んだ彼らの冷徹《れいてつ》な行動には、国民的共感を得られる美学が伴わなかった。行動様式の質感《しつかん》が貧しいのだ。

それでも事件当日、栗原中尉が民衆に語りかけた一節には、留意すべき点もたしかにある。

《みなさん、軍隊はもとより特権階級のものではありません。天皇陛下の軍隊即国民の軍隊であります。しかるに今わが国はソ連、支那、さらに英、米と一触即発の危機にあります。元老、重臣、官僚、軍閥、財界、政党等が腐敗している今日、このまま戦争に突入すれば、国を破滅に導くことは明らかであります》

これを数十、数百人の人間に訴えるのではなく、要所要所を封鎖しただけにとどめ、NHKを占拠して、全国民に流さなかったのか。これをやっていれば、全国各地から、何らかの反応が出て、やがて大きなウネリとなったかもしれないのだ。

栗原には朝日新聞社に出かけて輪転機を壊したり、砂をまいたりする暇があったら、なぜ全国津々浦々に向けてラジオ放送をしなかったのか。彼らに文明機器を応用する思考が欠けているのは、その精神に近代性を宿していないからだろう。

日本人はそもそも革命に不慣れだった。自分の藩の君主に忠誠を尽くすことしか知らず、明治以後になって、国家のような、解ったようでじつはよく解らない、抽象的な概念や価値観を身近に捉えることができなかった。実際、国家という意識をもつにいたった歴史は、当時はまだ七〇年にも満たないほど浅いものだったのだ。

二・二六事件後、決起した将校たちが抹殺《まっさつ》されると、日本は国防国家への道を奔《はし》りはじめ、戦争の時代に入っていった。栗原が予言した通り、昭和二十年八月十五日に向かって歩みだした。そして彼らが忌《い》み嫌《きら》った軍閥《ぐんばつ》と財界は、戦争に駆《か》り立てる原動力となり、そして日本は滅びた。その姿を、彼や同志たちは、草葉《くさば》の陰《かげ》でどう見つめていたのか。

だが、彼らから奸臣《かんしん》として襲撃され、重傷を負った鈴木貫太郎が首相として甦《よみがえ》り、終戦に導いた事実を考えると、二・二六事件とは何だったのかということになる。

人は神や神格化された人間の存在の前では、とてつもない力を発揮する。天皇の権威こそ、人心を一つに収斂《しゅうれん》させる、究極のカリスマなのだ。だからこの事件では、民もついてはいかなかった。

青年将校たちの計算違いの最《さい》たるものは、天皇を激怒させたことだった。大勢の兵士たちを引き連れて塀を乗り越え、天皇の側近たちに銃弾を撃ち込んだのだから無理もない。「朕《ちん》が股肱《ここう》の老臣を殺戮す。此の如き凶暴の将校等、其精神に於ても何の恕《ゆる》すべきものありや」、さらに、「朕自ら近衛師団を率ひ此が鎮定に当らん」と、なってしまった。

だが、青年将校たちが心底天皇親政を目論《もくろ》むなら、天皇の側近たちの殺害に奔るだろうか?「君側の奸」と一方的に決めつけ殺傷しておいて、天皇が激怒しないと思っていたのだろうか。となると、天皇が激怒するか否かは、初めから計算になかったことになる。

彼らの本心は、天皇はクーデター成功のために利用するだけの存在で、実際は無視していたのではなかったか。

あれから七十八年という歳月は、短いようで長い。事件当日、東京は大雪だったが、近年、東京の二月二十六日に雪が降ることはなく、なぜか晴れる日が多い。そもそも雪が降らないのだ。

歴史の領域に入ったあの事件も、忘却の彼方に行ってしまったように見える。それでも東京の各所に残していったその残影《ざんえい》と足跡には、じっと声をひそめてはいても、彼らの荒い息遣《いきづか》いは健在なのである。

遺族の何人かがいみじくも言っていた。「今なお、彼らの霊の力が作用しているように思われてならないのです」。

■忍び寄るソ連の影

彼らの声なき声の一つは、ソ連と国境を接している満洲には、関東軍の中に自分たちの仲間がいたことである。彼らの何人かは満洲に潜入している諜報部員たちと接触していた事実があった。

世界共産革命を標榜するコミンテルンが、モスクワから送り込んだスパイたちである。赤い魔手《ましゅ》は、着実に日本を標的にしていた。その事実の一部を握《にぎ》っていた人物こそ、新京《しんきょう》に本部を置く関東憲兵隊司令官東条英機《とうじょうひでき》である。東京で事件発生と同時に、電光石火《でんこうせっか》のごとく、ブラックリストに載っていた五六〇名もの将校や満鉄職員を逮捕してしまったのだ。

日本の赤化《せきか》を最も恐れていたのは東条である。赤化されれば、天皇制はどうなるのか。天皇の忠臣《ちゅうしん》を自負する東条が恐れたのはそこにある。

東京の栗原中尉が、赤軍第四本部の諜報部員やソ連大使館員たちと、密会《みっかい》していた事実もあった。事件当日の彼の演説にみえる「農民及び中小工業者の疲弊《ひへい》を是正し、社会保障制度を確立し……」という主張は、注目する必要がある。

とくに農地所有制度の改革と、社会保障制度の確立は、それまでの青年将校運動では出てこなかったフレーズである。彼がレーニンの著書に親しんでいたことは周囲の人間の証言で明らかだが、革命思想に深く共鳴していたといわれる。

実際、事件に連座《れんざ》し、四年半後に自由の身となった池田俊彦元少尉は、刑死した将校たちの遺族に、「栗原さんは共産主義者でした」と語っていたそうだ。

私も複数の遺族からその話を聞かされたが、刑死した安田優少尉の実弟善三郎も「私は池田さんから直接言われたことがあります」と言っていた。

池田少尉は回想録に、「当初、栗原さんの思想には反発を禁じえなかった」と書いているから、「あれっ」と感じていたのだ。

その栗原が事件の牽引車になったのだから、モスクワに本部を置くコミンテルンは、二・二六事件の推移をかたずをのんで見守っていたことになる。

東京の独逸《ドイツ》大使館には、参謀本部の馬奈木敬信《まなきたかのぶ》中佐が事件直後から、オット武官に経過報告、見通しなど頻繁《ひんぱん》に告げていたが、大使の隣にはゾルゲが同席し、その内容は、逐次モスクワに無電で報告されていた。したがって、東京の事件が成功すれば、ソ連が急接近してきたことは間違いない。

これが二・二六事件の本質の、もっとも異常なところであり、いま事件の残照《ざんしょう》を見つめるわれわれにも、この上ない衝撃的な点なのである。

七月十二日の法要《ほうよう》のあとしばらくして、再び麻布賢崇寺の山門に至る坂道を登ってみた。蝉《せみ》しぐれの中、寺は静まり返っていた。境内に立ちつくして物思いに耽《ふけ》っていると、様々なことが浮かんできた。生と死の意味も考えてみた。寺は死者も遺族も、諸行《しょぎょう》無常《むじょう》の観念を共有できる空間である。

ある浄土真宗の僧侶が言っていたことがある。「念じれば、極楽浄土《ごくらくじょうど》に行っても生前会いたかった人に出会うことができる」。

ならば栗原安秀元中尉に聞いてみたい。「栗原さん、あなたは前世にいたとき、どんな日本にしたかったのですか。身分の上下もない、富も苦難も平等に分かち合える国ですか」。

安藤輝三元大尉とは、こんな対話をしてみたい。「安藤さん、あなたがとどめを思いとどまった鈴木貫太郎さんは、その後総理大臣として戦争に幕引きを演じましたよ。少し時間がかかり過ぎましたけどね。終戦になったのは昭和二〇年八月十五日です」

「ほう、それはよかった。それにしても敗戦といわずに終戦とは、日本人は相変わらず面子にこだわりますなあ……はっはっはっ」。

気がつけば日がだいぶ傾き、日暮しの声を背にして私は山門を下った。仲間とのあの必死の合唱は、彼らが「また来てくれよ」と、告げているのかもしれない……ふとそう思えたのである。

4

阿部定事件の真相

猟奇事件の主役はどこに消えたか

阿部定が泊まっていた高輪「品川館」

■事件の裏にあるもの

私が高校一年のとき、同じクラスに竹内謙という坊主刈りのごつい風貌《ふうぼう》の生徒がいた。近年まで鎌倉市長を二期務めた男である。

その彼があるとき私に向かって、「オレの爺《じい》さんは阿部定《あべさだ》の弁護人だったんだ」と言ったので、「何をした女だ」と聞き返した。

そのときの彼の話は、なんとも奇怪《きかい》な出来事に感じただけだったが、私にはこれが事件の事と次第を知った最初であった。

そのとき彼は、「オレは子供の頃、お定からいっしょに風呂に入れてもらっていたんだ」と言ったので、「チョン切られずにすんでよかったなあ」と、私はかなりまじめに応じた。

その後何年かして、山手線の中で、「天下を騒がせた美女、阿部定のお酌《しゃく》でイッパイ！」という広告を見たとき、「ははあ、あの女か」と思ったものだが、事件当時、世間はこの話でもちきりだったそうだ。

この奇妙な出来事は今から三十何年か前、大島渚監督の「愛のコリーダ」という映画にもなったが、事件の顚末はこうだった。

二・二六事件が解決して二ヵ月半が過ぎた五月十八日、東京で世にも奇妙な事件が発生した。阿部定事件である。絞殺《こうさつ》された石田吉蔵の局部《きょくぶ》を切り取り、その左太ももに、「定吉二人キリ」、さらに左腕に「定」と血で刻んだあと、彼女が姿を消したことで世間は大騒ぎになった。

明治三十八年（一九〇五）生まれの定はこのとき三十二歳の女盛り。吉蔵は四十二歳で男盛りだったが、男にとっては厄年《やくどし》である。

だが事件の主役として登場した女は、すらりとした和服姿の色っぽい美女ときているから、世間はなおさら驚いた。カレーに毒を入れた犯人や、昨今、練炭で男たちを次々と殺めた女などとは大違いなのだ。

新聞は阿部定事件をエログロナンセンスの極致《きょくち》、扇情的《せんじょうてき》で猟奇的《りょうきてき》、かつばかばかしい事件だと書いた。人間に内在する狂気のバリエーションには大差はないはずだが、彼女の場合は、たしかに外れてはいる。

しかし人間の深層に潜むデヴィルなアドベンチャーの世界を想わしめる、快楽の極みを想起させるのも事実だ。

二・二六事件の青年将校が演じた、若いエネルギーのほとばしり、ギラギラした男の世界ではなく、愛する男を独り占めしたい哀しい女の性が生んだこの事件。次元が違いすぎるとはいえ、阿部定事件はあの時期に起きていなかったら、三日目に事件の解決を報じる号外が出る騒ぎにはならなかった。

血も凍る非人間的な二・二六事件から、あまりにも人間的すぎる次元への移行は、冷酷さとは無縁であるばかりか、痛快でさえあるのだ。

そもそもエロスとは、ギリシャ神話に登場するアフロディテの子にして〝愛の神〟。それを戦争とファシズムへの時代の入口にあって、まだ戒厳令が解かれていない非常事態の中で演じたところが、鮮烈で衝撃的であった。

以下、事件の経緯は、昭和十一年十二月二十一日付東京刑事地方裁判所の判決文の一部を追いながら見て行くことにする。

■阿部定事件とは何だったか

「　　主文

被告人阿部定を懲役六年に処す。

理由

被告人は、東京市神田区新銀町十九番地、畳職阿部安吉の末子に生れ、両親の愛撫を享《う》け、小学校在学中より遊芸等を仕込まれたるか、両親殊に母親の溺愛に狎《な》れ、学業を励ます漸次《ぜんじ》放縦となり、殊に雇人等の淫猥《いんわい》なる言動を見聞し、かつ感化を受け早熟となり、異性に対する興味を持つに至り、遂に大正八年（註：一九一九）夏頃十五歳の時処女を喪ひてより、愈々《いよいよ》自暴自棄となり、自ら交友を街の不良に求め、相携へて浅草方面の歓楽街に出入りし……」

高輪署に連行された阿部定

阿部定が生まれた神田区新銀町十九番地は、関東大震災後から司町二丁目十九番地になった。JR神田駅北口を出て警察通りの先二本目の通りを左に行けば司町二丁目の交差点に出る。そこで外堀通りを渡って二本目の露地の入口あたりが、阿部定の生家があった場所で、彼女も通った神田小学校の西側百メートルほどの所になる。

今は周囲は五階、六階建の小さなビルがびっしり並んでいるが、定が幼い頃の神田新銀町界隈は、畳屋や大工、左官などの職人が多く、近くには江戸時代以来現在につづく「青物市場」があった。東京の下町といっても日本橋のように粋《いき》で垢抜《あかぬ》けているわけでもなく、浅草のような華やかさもないかわりに、職人気質、人情味豊かで気風《きっぷ》のいい神田っ子の街であった。

生家の畳店は使用人も多く、裕福で、幼いころから三味線《しゃみせん》やお針などの稽古《けいこ》ごとを仕込まれ、友達や近所の人たちから、「畳屋のお定ちゃん」「器量よしの定ちゃん」で通っていた。

だが訊問調書《じんもんちょうしょ》やこの判決文にもあるように、勉強嫌いで早熟な子供であった。それでも後年の「妖婦・阿部定」という、すっかり変わった姿を想わせる、片鱗《へんりん》は見当たらない。

大きな転機は十五歳の夏に訪れた。予審訊問調書によれば、友人宅の二階で、その家に出入りしていた慶大生桜井健とふざけ合っているうちに犯されてしまい、「もうお嫁に行けないのだと思うと、やけくそになっていきました」とあいなる。

その後は店の金を持ちだして浅草界隈を遊び回り、男漁りを繰り返す。

そんなに男が好きなら、むしろ芸妓にでもした方がよいと父親は考え、遠縁を通じて横浜の芸妓屋に住まわせた。ところが、

「反って其の淫奔放縦性を助長せしめ、爾来《じらい》被告人は両親に無断にて北陸関東各地に於いて芸妓を為すに至り、更に大正十四年十二月末二十一歳の頃より娼妓となり、各地の芸楼に流転し、私娼妾等次第に淪落《りんらく》の淵に身を沈め、淫放的生活に堕したる結果、乱淫性の習癖を来し、歳爛熟期に接近するに従ひ益々その度を加え、昭和八年春二十九歳の頃に至り、遂に心身共に情欲の虜となり、情事無くして生活を為すこと能はざるに至りたるものなるところ……」。

判決文にはここまでが、彼女の「乱淫性」が身についた背景が述べられている。この頃はすでに両親もなく、花柳界の末端にあって、女の武器だけを頼りに浮草のように流れていく定には、貧しさから身を墜《おと》した当時の女性とは異質の哀《あわ》れさが漂《ただよ》っている。

この頃の彼女は、寂しげな表情で、

わたしゃ夜咲く酒場の花よ
赤い口紅 錦紗のたもと
ネオン・ライトで 浮かれておどり
さめてさみしい 涙花

と、当時流行していた「女給の唄」や、「船頭小唄」をそっと口ずさんでいることがあったという。

そして運命の石田吉蔵との出会いとなるのだが、その直前にパトロンがついて小料理屋をはじめることになった。

「其の見習を為すため、昭和十一年二月一日、東京市中野区新井町五百三十八番地、割烹料理店吉田屋事石田吉蔵（当四十二）方に一時女中として雇はれ、同家に住み込みたるが、幾許《いくばく》も無く好色多情なる右吉蔵と情を通じ……」

このあたりの経緯については、予審訊問調書と繋ぎ合わせるとこのようになる。

吉蔵と定が関係を持つきっかけになったのは、二月二十六日のことであった。定が明け方便所に立つと、外は銀世界だった。そこで魚河岸へ仕入に行く吉蔵とばったり出合うと、吉蔵が突然手を握って、「随分冷たい手をしているなあ」と言いながら、息を吹きかけて温めてくれ、それから抱擁《ほうよう》された。ちょうど二・二六事件が始まった時刻である。

それからほどなくして、二人は情交を重ねるようになり、たまたま見てしまった女中の口から吉蔵の妻に告げ口される。判決文では、

「家人に知られたるに及ひ、両名諜《しめ》し合せ、同年四月二十三日朝相次て家出し、爾来

同年五月七日迄十数日間、同市渋谷区円山八十五番地待合『みつわ』外、市内数個所の待合に転々流連《りゅうれん》し淫蕩《いんとう》痴戯《ちぎ》の限りを尽し、互いに陶酔したるか、被告人は、吉蔵の右痴戯等に対し嘗《かつ》て経験したる事無き強き、愛恋執着を感し、吉蔵も亦《また》被告人に対する愛慾の絆絶ち難く……」

現在の渋谷区円山町

と、事態は進んでいく。

二人が家を出て二週間、身をひそめた先が、地方の温泉宿などではなく、花街の渋谷円山町であったことは、この逃避行の内情を物語っている。この色町に逗留したのは、定に染みついた習性によるものだろう。

江戸時代、長崎の丸山は日本三大花街の一つといわれたが、おなじ「まるやま」でも、こちら渋谷・円山は宿場町として栄えていた。甲州街道への脇街道と、大山参詣の街道でもあったからである。

その後大正から昭和にかけて円山の宿場

町は様変わりし、待合、料亭、小料理屋、芸者の置屋、カフェーなどがひしめく歓楽街になっていた。

その中の待合「みつわ」があった場所は、道玄坂と井の頭線に囲まれた地区である。現在の住居表示では渋谷区円山町二十二番地四、九、十一、十二、十三の各号に枝分かれし、現在はラブホテル街になっている。

それでも魚屋、小料理屋、料亭も健在しているところがおもしろい。

だが二人はいつまでもここに居つづけるわけにもいかず、吉蔵は定を妾に囲って待合を開かせる準備のため、いったん定と別れた。だが、

「被告人は日夜吉蔵との前記情痴を想起しては、果てし無き愛恋思慕の念に堪へず、或いは又吉蔵夫婦の生活に想到しては果てし無き嫉妬焦燥の情に駆られ、……」

判決文のいう「前記情痴」とは、マゾヒズムの性癖が強い吉蔵の要求に、定は未開のサディズムの境地へと落ちてゆき、究極のエクスタシーを共有するようなっていた事態を指している。性がタブー視されていたこの時代、裁判所も用語に苦心していたのだ。

その後、事は急展開する。

「同月（五月）十一日、電話を以て吉蔵を誘ひ出し、同人と中野駅前にて落合ひ、同

日午後十時頃、同市荒川区尾久町四丁目千八百八十一番地待合『満左喜《まさき》』事正木志ち方に赴き同家に流連し、殆ど終日連夜只々情痴愛慾の限りを尽くしたるか、偶々《たまたま》五月十六日の夜半吉蔵との情痴の刺激を求むる為め、同人の頸部を自分の腰紐にて緩縛《かんばく》したる際、過て同人を一時気絶せしめ……」

その後、吉蔵は息を吹き返したものの、充血した人相に彼女は驚いて、翌日薬局などに走ったが効果なく、吉蔵はいったん帰宅して治療に専念したいと言い出した。

その後、殺害に至る背景がこう述べられる。

「如何にせは同人を独占し得へきかを焦躁苦悩したるか、同月十八日午前二時頃、酔余焦躁の念に駆られ、突如遂に吉蔵を独占せんには同人を殺害するに若《し》かすと決意し、前記待合『満左喜』方『さくら』の間に於て熟睡中なりし、吉蔵の頸部を前記腰紐を二重に巻付け、其の両端を両手を以て強く引き締め、更に其の頸部を右腰紐を以て緊縛し、因《よ》って同人をして窒息死に至らしめ……」

だが予審訊問書によると、吉蔵の方から「締めるなら、途中で手を離すなよ、あとがとても苦しいから」と指示されていたことが明らかになる。

そして吉蔵の局部を切り取った理由については、葬式のために湯灌する際、吉蔵の妻に触れさせせないためだったと供述する。遺体まで独占したかったためで、これが吉蔵の太腿に血で書き遺した、「定吉二人キリ」となる。

それから吉蔵の下着を身に着け、切り取った局部はハトロン紙に包んで自分の帯にしまい、姿を消した。

三日後に逮捕されたとき、証拠品として提出したが、そのとき定はニッと笑ったという。それは自分の宝物を開陳《かいちん》する誇らしげな薄笑《うすわら》いだったはずで、事実、取り調べの際に、「早く私の大事な物を返してくださいな」と催促している。

さらに審理の際に、アルコール漬け（註：ホルマリン漬けか）された局部が証拠品として定の面前に提示され、細谷啓次郎裁判長から「被告人はこれを見てどう思うか」と問われると、「非常に懐かしく思っております」と答えている。

この一言ほど、犯行の動機、原因を明言しているものはない。細谷裁判長も、「ふむ……」と言ったまま、この質問は打ち切ってしまった。

余談ながら、定が拘《こだわ》った吉蔵の局部の所有権の帰属は、切り取られた時点で動産になり、旧民法では家督相続人に、新民法では遺産相続人の所有に帰すことになるそうだ。しかし遺族側から所有権を放棄して差し出されているので、その後、警視庁鑑識課に保存されていたらしい。

では懲役六年の量刑は、重いのか軽いのか。殺人、死体損壊、死体遺棄だけを見てしまうと軽すぎるし、事実、法曹界からも「軽すぎる」の声が上がった。

だが裁判所も老練《ろうれん》の竹内金太郎弁護士も、苦慮《くりょ》しつつも性の問題の本質に、真摯《しんし》に踏《ふ》み込んだ形跡は十分にある。

とくに竹内弁護士は「被告と被害者吉蔵はサディズムとマゾヒズムの両性質を有するもので、鑑定書全部を参考にすることはまことに危険である。共に精神病理学上、陰陽がまったく符合する二人が融合したというのは、まさに千載一遇《せんざいいちぐう》の稀有《けう》なる運命である」と指摘した上で、局部を切り取った定の究極の行為については、「肉体の構造または細菌学上にも本件を引き出すべき証拠がある」と指摘して、こう述べる。

（明治二十五年三月八日第三種郵便物認可）

東京日日新聞

號外

昭和十一年五月二十日（水曜日）

尾久待合のグロ殺人
犯人阿部定遂に逮捕
高輪品川館に潜伏中

尾久待合のグロ殺人、犯人阿部定(三二)は再度變裝して市内を歩き廻り十八日午後三時ごろ新橋付近から姿を晦ましてゐたが廿日午後五時半　遂に芝區高輪南町六五旅館品川館で逮捕された、十八日未明、荒川區尾久町四の一八八一待合『まさき』で情人の中野區新井町五三八料理屋吉田屋主人石田吉藏氏(四二)を情痴の果に絞殺し鋭利な刃物でその局所を切斷、何に食はぬ顔をして同日午前八時ごろ同所を逸走してから三日目である(寫眞は犯人阿部定)

阿部定逮捕を伝える東京日日新聞の号外

「お定は性的には爛熟《らんじゅく》をきわめていた。その上、トリコモナスの性的発作を伴っていた。トリコモナスは細菌の一種で、普通は消化器などに寄生するが、お定の場合は性器に寄生していたのである。このトリコモナスの一匹が動くと数億のトリコモナスが一斉に動き出すという奇妙な習癖があり、矢もタテもたまらなくなる。中国でいう〝淫乱の虫〟であり、お定の性生活に常人を超えた異常な激しさがあった所以である」

それを犯行の場面に当てはめて、こう主張した。

「お定は吉蔵の苦しむ顔は見ず、もっぱら下腹部の方へ集中していたので、気がつかなかったのである。彼女の愛欲の激しさが、殺意のない殺人を犯させたのである」

一方細谷裁判長も、公判の日程を組むのに、定の体調、とくに精神不安定な生理直前や生理中を避けようとして、同僚の裁判官に遠まわしに、「あなたの奥さんは、昨日は入浴されましたか」「一番下のお子さんをお風呂に入れたのはどなたですか」「翌朝の奥さんの御機嫌はいかがでしたか」と尋ねて、生理の時期と精神状態の因果関係を調べていたことが、自著『どてら裁判』に書かれている。

因みに定は、犯行前後は生理ではなかったという。

細谷裁判長は審理の過程で、定の性行為の捉え方についても尋ねている。このとき「万が一のことを考えて私一人で訊問するのを避け、距離も十分にとった」という、気の遣いようであった。

「夫婦や男女の恋愛関係などについて、被告人は性交のみが最大または主なる目的であると思っているか」

すると定は、平然とこう答えている。

「それは皆さん方が家に帰って、奥さん方に本当の気持ちを聞いてくだされば判るだろうと思います。学校の先生や偉い人たちは、なにかというと、夫婦関係や男女関係について、精神訓話のようなことを持ちだして説法しますが、そういう人たちの奥さんがたは、それで満足しているのでしょうか。

私は絶対に信じられません。そういう人たちの奥さんがたから本心を聞けば、つまらない不幸な生活だと必ず云いますよ。私は別に変ったことをしたわけではありません。私はただ私たちのような女の心を、強く露骨にあらわしただけです。

夫婦男女間にその交わりがなければ、なんの楽しみがあるのでしょうか。私はそう思います」

後日細谷裁判長は「定の言い分には考えさせられるものがあった」と言っているように、裃《かみしも》を脱ぎ捨てた人間の、本来の姿で捉えた彼女の言には説得力がある。

そこで細谷は家に帰ると、早速細君にお定の答弁を伝えて聞いてみたところ、「そんなことはありません」と、その言葉には力がなかったが、しばらくして、「それは一面の真理であるかもしれません」とも答えたという。それをありのまま本に書く細谷裁判長も、正直な人である。

■尾久の町

尾久は大正二年、現在の都電荒川線が飛鳥山と三ノ輪を結ぶ路線が開通すると、翌年、満左喜に近い碩運寺《せきうんじ》に温泉が発見されたことで、急速に発展を遂げたのだそうだ。寺の湯だから御利益《ごりやく》があるだろうというので人気を呼び、周囲に温泉旅館が次々に誕生する。おまけにカルシュームたっぷりの良質の湯だというオチもついた。

満左喜があった界隈は、とくに待合、料理屋、芸者の置屋の三つが並ぶ花街で、三業地といった。

待合の満左喜では料理は出さないから、現在の感覚でいえば、ラブホテル。定と吉蔵は、近所から料理と好きなビールを取り寄せて逗留《とうりゅう》しているうち、事件となったわけである。

そこは都電荒川線の「宮の前」から歩いて五分の所にある。東京で唯一現存している路面電車が、私にはめずらしかった。もちろん車掌《しゃしょう》などはいないから、乗るときに運転席の横にある器械にスイカを当てるだけだし、冷暖房つきだから、かなり今風である。

「宮の前」で降りると、こじんまりした商店街の東京女子医大通りを行き、三本目の路地を右に入ると、すぐに商店街と並行した静かな片側一車線の通りになる。この通りの両側が、花街華やかなりし頃のメイン・ストリート。問題の満左喜のあった場所は、右側二軒目の「源水」という会社になっている。同社の社長が言っていた。

「ときどきうちに取材で来る人がいますよ。このあたりは三月十三日の空襲できれいに焼けてしまったんです。近くに火薬工場があったからでしょう。

それでもまだ温泉は出たから、戦後、ぼちぼち昔の面影を取り戻していましたがね」

もう一人、五代目小さん師匠に似た、近くの寿司屋の老店主は、

「昭和三十年代の初め頃までは、この界隈にはまだ七、八十人の芸者がいましたよ。安い金で遊んでくれる女衆もいてね。面白いところでした」

と、品のよろしくない手つきまで交えて話してくれた。

だがその後、工場の地下水汲み上げで温泉が出なくなると廃業《はいぎょう》が相次ぎ、現在では通常の住宅地に、町工場が点在するばかりである。売春禁止法の施行《しこう》も加担したの

だそうだ。

■その後の定

栃木刑務所に身柄を移された定は、素直で勤勉な模範囚《もはんしゅう》であった。そして皇紀二千六百年を迎えた昭和十五年、恩赦《おんしゃ》によって四年四ヵ月の刑期を終えた五月十七日未明、そっと出獄した。

裁判所と弁護士が心配したのは再犯と、彼女のネームバリューから水商売に利用されることだった。そこで竹内金太郎弁護士は一時、湘南地方の竹内宅で定を預かり、女中奉公させながら社会復帰の機会を待っていた。前出孫の竹内謙が、彼女に風呂に入れてもらっていたのはその頃だろう。

竹内謙は今でも、求められると講演などで、祖父の残した資料やエピソードを語ることがある。「爺さんが弁護人を務めた尾崎秀実《おざきほつみ》の話だとみんなつまらなそうな顔しているけど、阿部定の話になると、膝を乗り出して聞くんだよなあ」と笑っていた。のちのゾルゲ事件でも、竹内金太郎は尾崎秀実の弁護人を務めたのである。

戦後、お定は料亭の仲居、ときには女将に収まったり、小料理屋を営んでいたときもあったようだ。もっとも身についた性癖は抜け切らず、女の武器を使って男を渡り歩いていたようだが、犯罪を犯した事実はないそうだ。

その頃、定と関わった人たちの多くは、「人に騙《だま》されることはあっても、騙すような人ではなかった」「気持ちのきれいな人」「根が正直で天真爛漫《てんしんらんまん》な女だった」と言うそうである。

惚れぬいた吉蔵の位牌《いはい》を『満左喜』の女主人からもらい受けると、後生大事《ごしょうだいじ》に持ち歩き、供養していたといわれる。

『阿部定正伝』（堀ノ内雅一著）によると、昭和四十六年頃、千葉の勝山ホテルに定がいたことが確認されているそうだが、その後、昭和五十五年頃、浅草にいたことも判明しているらしい。昭和四十六年といえば、彼女は六十六歳、昭和五十五年は七十五歳になっていたことになる。

だがその後、彼女は若いときからの口癖で、「ちょっと出てくるわ」と、五十万円もって出て行ったまま、行方はようとして知れないままだという。

その方が阿部定らしく、謎めいていていい。八十歳、九十歳の、腰の曲がった阿部定など見たくない。ならばいっそうのこと、昭和二十年三月十日の東京大空襲以来、行方知れずの方がよかった。天空と地の底まで焼き尽くしてしまうかのような、あの紅蓮《ぐれん》の炎に飲まれたのではないか、あるいは下町のどこかで今もひっそりと生きているとか、噂が噂を呼んでいる方が似合っている。たとえ風説であっても、田園調布などにいてほしくない。

いつまでも妖艶で美しく、裁判官でさえ身構えてしまったような、東京下町の危なっかしい阿部定のままでいてほしいのである。

■事件から見える時代の顔

二ヵ月半前の二・二六事件では、ファナティックで異様な暗い時代の到来を予感させたが、阿部定事件はむしろ一服の清涼剤であった。

銃だ、国家だ、権力だ、に血眼《ちまなこ》になったエリート将校たちの行為と、場末《ばすえ》のネオンの虚《うつ》ろな瞬《また》きの陰で、路地裏の闇に沈んでいったオンナの奇抜で赤裸々《せきらら》な行為との落差が、それほど鮮烈なのである。

だが人間の本性という視点で見ると、これほど人間的な事件は、そう多くはない。一言でいえば、定の激しい性欲から吉蔵は逃れられなくなっていたとみられるが、女が男に対してイニシアティブをとったところに、男女の力関係を逆転させた構図の面白さがある。世間はそこにも拍手喝采《はくしゅかっさい》したのだ。

同時に、あそこまで男を自分の専有物にしたいという、愛おしいほどの愚《おろ》かさ。歪《ゆが》んでいるとはいえ憎めない阿部定。彼女は時代に背《そむ》いたヒロインなのである。

戦後間もない昭和二十二年、坂口安吾《さかぐちあんご》は彼女との対談の中で、こう言っている。

「阿部さんを悪い人間だと思っている者は一人もありませんよ。文学の上から言いますと、あらゆる人間はそういう弱点を持っている。ただ阿部さんはそういうことを率直におやりになったというだけで、だからみんな同感して、何か懐かしむような気持ちがあるんじゃないかと思うのですよ。

もし悪い犯罪事件でしたら、決してそんなにいつまでも問題になるもんじゃありませんよ」

事件解決後も、街の盛り場ではこの話でもちきりだったが、「女は恐いねえ」と言いながら、どの顔もほころんでいたそうだ。二・二六事件と違って、人は気楽な時代の傍観者でいられたのだ。

「阿部定とかけて何と解く」、「市電の車掌と解く」「その心は」「チンチン切りまーす」という、謎かけ問答も流行った。このばかばかしさと、突如閃光《とつじょせんこう》を放った哀しい女の性がセットになっているから、世間に大受けした。逆にいえば、こんな事件でしか世間は笑えなくなっていたほど時代は暗く、閉塞《へいそく》していたのだ。

昭和十一年という年は、長い戦争の時代の入口である。軍靴《ぐんか》の足音がいよいよ高くなってきたとき、民はみんな強張った表情になりながらも、「人間とは何か」という、忘れかけていた人間の本質の一端を思い出させてくれたのである。

阿部定事件は暗闇の中に彩った冬の花火。それを演じた主役の定は、けだし名優であった。

5

東京に蠢くスパイ

ゾルゲ事件が世界に与えた衝撃

昭和九年頃のドイツ大使館

■ゾルゲとは何者か

銀座を歩いていて驚いたことがある。尾張町角の服部時計店（現和光）にはじまって、三丁目の十字屋楽器店、五丁目の千疋屋《せんびきや》、五丁目裏通りのドイツ・バー兼レストラン「ライン・ゴールド」。今も当時のまま七丁目にある旧電通ビル、二〇〇六年頃まで営業していた八丁目裏というより、地名は新橋になる名門ダンスホール「フロリダ」。これも今はもうないが五丁目、六丁目あたりの裏通りにあったシルバー・スリッパー、フリーダー・マウスといった銀座のバー。

じつはどれも、あのリヒャルト・ゾルゲには馴染の場所、常連客だった店ばかりなのである。酒と遊びが好きだったこの男の行状《ぎょうじょう》を窺《うかが》わせるが、それでも明治七年創業の十字屋では、クラシックのレコードをよく買い求めていた。しかし服部では、お気に入りの彼女にプレゼントを買うことが多かったそうだ。

そして一九三七年竣工《しゅんこう》の旧電通ビルには、部下のヴケリッチがいたフランス・アヴァス社（のちのAFP通信）のほかにも外国通信社がいくつか入っていたから、こちらは仕事で毎日のように出入りしていた。

というわけで、実際ゾルゲほど銀座をこよなく愛した外国人もそう多くはないのではないか。なにしろ逮捕が間近に迫っていることを知った日の昼も、新橋の小料理屋「みのる」でおでんを肴《さかな》に酒を飲んでから、最後の銀座ブラを楽しんでいるのだ。もっともこの日は、最後の見納めのつもりだったようだ。

そのゾルゲとはどんな男で、何をして、最後はどうなったのか。

日露戦争に勝利した日本の最大の脅威は、ソ連の舞い戻りであった。実際満洲と国境を接しているから、その恐怖は計り知れない。彼らの機甲化部隊《きこうかぶたい》の威力《いりょく》は、一九三九年（昭和十四）のノモンハン事件で見せつけられることになるが、本当の怖さはスパイ活動という見えない敵の存在であった。

その先兵として日本に潜入してきたゾルゲ国際諜報団。舞台は東京であった。

ゾルゲ

■ゾルゲが東京に刻んだ足跡

日本を、世界を揺るがせたスパイ事件の主役リヒャルト・ゾルゲ。世界史に名を刻んだ大物スパイの例外にもれず、この男も風のように日本に潜入すると、いつのまにか要人に近づいて顔を売り、ときには物陰《ものかげ》から人々の動静に、なにげない視線を送っていた。

だが気がついてみれば、皇室や政界、軍の指導者まで巻き込みながら、そっくり情報がモスクワに筒抜けになっていたという、仰天《ぎょうてん》すべき事態になっていた。まさにゾルゲは、歴史のブラック・ヒーローなのである。

その第一歩は、満洲事変が勃発して二年がたった昭和八年(一九三三)九月六日午後、男が降り立った横浜大桟橋《おおさんばし》からはじまる。日本が大陸に放った野火《のび》が、日本本土を飲み込もうとしていた頃である。

それから一年七ヵ月後の昭和十年四月六日、男は横浜大桟橋に現れた。この日は護衛艦白雲《しらくも》、叢雲《むらくも》を従えた御召艦《おめしかん》「比叡《ひえい》」(三万六千トン)で、満洲国皇帝溥儀《ふぎ》が来日する日であった。

このとき大桟橋には、天皇の名代《みょうだい》として軍礼装《ぐんれいそう》の秩父宮《ちちぶのみや》が出迎えに来ていることに気づいたドイツのディルクセン大使が、微笑《ほほえ》みながら近づいて握手している写真が残されている。

だが写真をよく見ると、両者の間のすぐ向こう側から、狼《おおかみ》のように眼を吊《つ》り上げて二人を見つめている男こそ、ゾルゲ国際諜報団の主役リヒャルト・ゾルゲである。

もっともこの日は、「駐日独逸国大使館政治顧問」としてこの場に立っていた。彼の表向きの顔である。

ゾルゲが秩父宮の前に現れたことは、日本の運命に不吉なものを暗示させているが、実際、この男はしばしば元赤坂の秩父宮邸の門をくぐることになる。

昭和史に深刻な一ページを刻んだこのスパイ事件は、日本の運命を変えただけでなく、第二次世界大戦の行方とともに、世界史の転換までいってしまったのだから、まさに二十世紀最大のスパイ事件であった。

東京を舞台に彼らが暗躍《あんやく》したのは、昭和八年九月から逮捕《たいほ》に至る昭和十六年十月までの八年間。その間、日本は超国家機密から民情《みんじょう》に至るまで、彼らの眼に晒《さら》しつづけていたことになる。その報告は逐次《ちくじ》モスクワに届けられていたのだから、事件が明るみに出たとき、東条内閣や日本の指導者たちが驚愕《きょうがく》したのも無理はなかった。

そのゾルゲ国際諜報団とはいったい何なのか。世界共産革命をめざす国際的組織コミンテルンの指導下にあって、諜報活動を専門にするモスクワの赤軍第四本部が極東の情報収集のために、中国と日本に送り込んできた組織であった。世界に波及《はきゅう》しかねない戦争の火種を抱えたアジアに、彼らは注目したのだ。

諜報団の親玉リヒャルト・ゾルゲはドイツ人を父に、ロシア人を母にもち、モスクワで訓練を受けると密かに極東に入った。まず上海では中国革命の行方と、日本の情報、とくに建国なったばかりの満洲国や日本軍の行動を注視していた。

彼の上海時代に、アメリカ共産党員で女性ジャーナリストのアグネス・スメドレーを通じてゾルゲと同志になったのが、朝日新聞上海支局にいた尾崎秀実《おざきほつみ》であった。

その後東京に潜入したゾルゲ諜報団が暗躍した舞台は数多い。永田町の独逸大使館にはじまって、麻布永坂町のゾルゲ宅、いつも外国人記者たちと出入りしていた帝国ホテルのロビーとバー、情報交換の場にしていた向かいの日比谷公園の噴水脇、部下の尾崎秀実や宮城与徳《みやぎよとく》宅からドイツ人のクラウゼン宅、クロアチア人のヴケリッチ宅、荻窪にある近衛文麿《このえふみまろ》の私邸「荻外荘《てきがいそう》」、元赤坂の秩父宮邸、霞が関の東京倶楽部という具合に、行動範囲は広い。

そのほかにもゾルゲゆかりの地は、東京にとどまらない。鎌倉の古寺、中でも明月院はお気に入りの寺だったし、箱根の富士屋ホテル、さらに熱海の伊東屋旅館など枚《まい》挙《きょ》にいとまがないが、もっとも関わりの深かったのは東京の独逸大使館である。

■独逸大使館

現在、国立国会図書館を利用する人なら、新しく建て替えられる前の戦前は、独逸大使館であったことを知っている人も少なくないだろう。

　そこはゾルゲ事件の大きな舞台だったのである。地下鉄有楽町線「永田町」の一番出口から出れば、国会議事堂を右手に見て、道路を渡った所にあり、現在の地番では千代田区永田町一丁目十番地一号。

国立国会図書館

　来日前からここに目をつけていたゾルゲは、あらかじめいくつかの偽装工作をしていた。上海から入国せずに、いったんモスクワに帰ると、危険を冒してベルリンに入り、ドイツ人パスポートを入手する。それからフランクフルター・ツァイトウング紙に極東情報の記事を送る契約をして、同社の特派員になりすました。
　さらに駐日ドイツ大使ディルクセンと、同大使館付陸軍武官オイゲン・オット宛の紹介状を入手しただけでなく、アメリカ経由で日本に向かうために、駐米大使出淵《でぶち》勝次《かつじ》宛ての紹介状まで手にしていた。

カナダの太平洋横断客船「エンプレス・オブ・ロシア（ロシアの女帝）」号で横浜に着いたのは、昭和八年（一九三三）九月六日午後のことである。

ドイツ人のパスポートとアメリカ経由、さらにカナダの客船でロシアの匂いを消し去ったのだが、「ロシアの女帝」号を選んだのは、彼のプライドとしたたかさ故か。いずれにしても細心の注意と大胆さは、スパイに欠かせない要素である。

日本に潜入したゾルゲは、早速活動の拠点を独逸大使館に定めた。はじめは帝国ホテル、その後省線目黒駅に近い目黒ホテルに居を移すと、連日独逸大使館に通い、ディルクセン大使やオット武官と政治論議を交わした。

紹介状や胸に付けたハーケンクロイツを模したナチ党員のバッジにいたるまでの偽装工作が功を奏し、加えて自身の鋭い政治感覚が、「使える男」として、彼らから信頼を受けることになった。ほどなくして、「独逸大使館付政治顧問」の肩書が与えられている。

ゾルゲがいた当時の独逸大使館は、三国同盟絡みで陸軍とのやり取り、情報交換が頻繁《ひんぱん》であったから、梨木坂《なしのきざか》を挟んで向かいにある陸軍省や参謀本部の親独派といわれる将官もしばしば訪ねてきた。ドイツ、ドイツと草木《くさき》もなびく時代であった。

そしていつの間にか日本陸軍の将官たちとの会談には、ドイツ大使の隣に政治顧問ゾルゲが同席するようになっていた。日独同盟に向かう両国であるから、独逸大使館のゾルゲに、日本側も疑うことを怠《おこた》ってしまったのだ。

だが日独双方の動きは、すぐ諜報団の部下クラウゼンの手で暗号に組み直され、深夜モスクワに送信されていた。日本陸軍の情報が、道を隔てた独逸大使館を通してモスクワに筒抜《つつぬ》けになっていたのだ。

梨木坂

だが海軍でも、似たようなことが起きていた。海軍省、海軍軍令部があった場所は、現在の農林水産省の合同庁舎一号館。当時は赤レンガの荘厳《そうごん》な建物で、一・二階が海軍省、三階が軍令部であった。

表は桜田通りを挟んで外務省、裏手は日比谷公園に通じている。こちらは千代田区霞が関一丁目であるから、永田町からも近く、日本の中枢《ちゅうすう》機関が集中している区域。だがゾルゲらは、この数キロ四方の中枢部に直接入り込んで行くようなヘマはしない。そこに出入りする人間を遠巻《とおま》きに窺いながら、機会を見てさりげなく近づき、ハイエナのように嗅《か》ぎまわるだけである。

そして海軍省と軍令部の機密情報、とくにのちの南進《なんしん》政策や真珠湾《しんじゅわん》攻撃に繋《つな》がる情報は、ゾルゲ諜報団だけでなく、アメリカ陸・海軍情報局が密かに送り込んでいた諜報部員、各国大公使館付武官たちにも漏《も》れていた。因《ちな》みにペルー公使館が入手していた「日本海軍は真珠湾攻撃を画している模様」なる最初の真珠湾情報がグルー駐日大使にもたらされたのは、昭和十六年一月二十七日のことだった。

さらに首相官邸内部の動向も、ゾルゲに筒抜けになっていたから、日本の政治と軍部の中枢機関が置かれた一帯が、モスクワの眼に晒されていたのだ。

ゾルゲにとって最大の協力者は尾崎秀実であった。当時の尾崎は近衛文麿のブレーンであるから、国家の中枢に、モスクワは眼と耳を注ぐことができたことになる。

尾崎には友人が多かった。その一人が、当時外務省の高級嘱託をしていた西園寺公《さいおんじきん》一《かず》である。元老西園寺公望《さいおんじきんもち》の孫にあたり、当時は近衛の総理秘書官としても仕えていた。

この西園寺公一とは無二《むに》の親友に藤井茂という、海軍軍令部の中佐がいた。のちに連合艦隊政務参謀として、山本五十六《やまもといそろく》の側近になる人物である。

西園寺が藤井を霞が関の軍令部に訪ねると、いつも応接室に通され、二人だけで政治論議に花を咲かせていた。

藤井にしてみれば、相手は親友であり、首相秘書官であるから気を許してしまったのだろう。もっとも西園寺の方には、尾崎のスパイ活動に協力している感覚はまるでなかったという。

そして開戦が近くなった昭和十六年夏のある日、藤井中佐の口から出た「海軍は南方の資源を取りに行く南進論だ。シベリアに撃《う》って出る北進論は、陸軍部内にはもうないね。陸軍はシンガポールを取りに行くだろう」という何気ない一言は、きわめて重要な情報であった。

モスクワが注視していた「日本はドイツの求めに応じてソ連に撃って出るのか、それとも南進か」という最重要事項の、貴重な解答だったからだ。開戦前夜の日本の動きは、直ちにモスクワに暗号電で伝えられたのは言うまでもない。

その結果、ソ連は極東に配備していた赤軍機甲化部隊を西に移動させて、対独戦に回すことができた。世界史の転換など、一介の海軍中佐の何気ない一言で決定的になることもあるわけである。

■秩父宮邸の出来事

ゾルゲ諜報団の眼が光っていたのは、永田町や霞が関界隈《かいわい》にとどまらない。元赤坂の秩父宮邸にゾルゲ自ら出向くようになる以前、アイノ・クーシネンというフィンランド国籍を持つ妙齢《みょうれい》の女性が頻繁《ひんぱん》に出入りし、同志のゾルゲにその情報が渡っていた。

エリザベート・ハンソンの偽名で潜入したが、表向きは作家兼ジャーナリストであった。昭和十一年十月八日の東京朝日新聞も、「北欧から来た美貌《びぼう》のジャーナリスト」として大きな紹介記事を書き、評判になった女性である。

このときは、二年ぶりの来日であった。日本のメディア、とくに男はこの手の美貌の女性にはめっぽう弱い。女性はいつの世でも若さと美貌が武器であり、スパイの必須条件なのだ。

まもなく彼女は、天皇主催の園遊会や茶会にも招かれるようになり、その席で秩父宮と知り合ったといわれる。

彼女は、もともとゾルゲの同志ではなかった。ゾルゲの監視役を兼ねて別途《べつと》モスクワから東京に送り込まれていたのだが、勘のいいゾルゲは、それを見抜いていた。

そこで彼女と距離を置いていたところ、アイノが秩父宮に接触していることを知ると、ゾルゲは伝家《でんか》の宝刀《ほうとう》を抜くことを思いつく。彼女と肉体関係を結べば、ゾルゲについて、モスクワの心証《しんしょう》を悪くする報告は送らなくなるばかりか、秩父宮から得た高度な機密情報も共有できることになる。

女盛りのクーシネンはまもなくゾルゲの手中に堕ちることになるが、その頃尾崎は、「通称イングリットの彼女を、ゾルゲの家で二度ほど見かけた」と証言しているし、宮城与徳という沖縄出身の同志も、彼女を一度ゾルゲ宅で見かけていた。アイノとの仲が急速に進展しているのは、明らかであった。

秩父宮は二・二六事件の前から、皇道派青年将校とのただならぬ関係が浮上して青森の連隊に飛ばされていたところ、事件を聞いて東京に駆けつけてきたが、事件後は青森に戻っていた。

だが必ず宮は近々東京に戻るはず、とゾルゲと尾崎が読んでいたところ、この年、昭和十一年十二月に入って参謀本部第一部に戻ってきた。

そこでアイノの秩父宮詣《もうで》が頻繁になる。まもなくゾルゲも大使や武官に同行して秩父宮邸を訪ねるようになった。そこにはしばしば陸軍の親独派と目される東条英機《とうじょうひでき》、武藤章《むとうあきら》、外交官の白鳥敏雄《しらとりとしお》ら、のちに三国同盟に動くドイツ派の人間たちがいたから、時ならぬ日独交歓会となり、話題も必然的に陸軍や外務省の動きに集中した。

内容は昭和十四年五月のことになるが、戦後綴られた『昭和天皇独白録』の中で、天皇はこう語っている。

《秩父宮はあの頃一週三回位私の処へ来て同盟の締結を勧めた。終には私はこの問題に付ては、直接宮には答へぬと云って突放ねて仕舞った》

親独派の連中と秩父宮邸でのやり取りが、尋常《じんじょう》でなかったことを物語っている。

アイノ・クーシネン、ゾルゲの情報は、尾崎の協力で精度《せいど》を増し、より高度な情報として密かにモスクワへ電波は飛ばされた。

そのアイノ・クーシネン。昭和十六年秋、諜報団が芋づる式に捕まる直前に、モスクワからの帰還命令に従って戻っていたため、日本の官憲による逮捕は免れた。それでもモスクワが放った諜報員の、帰還後の運命は残酷《ざんこく》であった。その多くは証拠隠滅とモスクワの派閥闘争の犠牲になり、消される運命が待っていたのだ。

だがスターリンにもスズメの涙はあったらしい。中でも美貌の妙齢な女性の場合には、岡田嘉子《おかだよしこ》がそうだったが、ラーゲリ（強制収容所）を転々とする辛酸《しんさん》をなめた末、自由の身になっているように、アイノ・クーシネンも同じ運命を辿《たど》ることになる。

そこで彼らの秩父宮詣は、思いがけない方向に発展する。開戦前夜に至る数年間、秩父宮は結核のために自邸で静養していたところ、そこには仲の良い弟の高松宮がしばしば見舞いにやってきた。

ゾルゲ事件が明るみに出ると、いくつかの事実が浮上してきた。これは逮捕されたゾルゲの供述が根拠だったが、「日本海軍軍令部のさる高級部員から、別の人物を介して、ドイツ人の友人に漏らした重要な秘密情報が、私にもたらされた」と供述する。

捜査を担当した警視庁特高外事課がビックリ仰天したのも無理はない。出てきた秘密事項の内容は、先の藤井中佐の話よりも具体的であった。そのさる高級軍令部員の話は、「海軍は北部仏印につづいて、南部仏印にも航空基地を作る。そこを中核にしてインドシナ半島に航空基地を拡大する」であった。

さらに日米交渉の成り行き次第では、「三千キロ飛べるゼロ戦を使ってフィリピン、蘭印（インドネシア）を衝《つ》く」というものであった。

そこで先の「重要な秘密情報を漏らした海軍軍令部員は誰か」だが、ゾルゲの「ドイツ人の友人」はオット大使である。となると、知り合いの「別の人物」とは、大使とよく元赤坂の自邸で親しく会っていた秩父宮に違いない。海軍軍令部にいる高松宮の兄だから、結局、海軍の最高機密事項の出処《でどころ》は高松宮ということになる。

だが諜報団の部下たちは同年十月に入ると逮捕されて供述をはじめていた上に、最後の砦《とりで》ゾルゲが逮捕されたのは昭和十六年十月十八日払暁《ふつぎょう》のことだった。この日は奇しくも第一次東条内閣が発足した日である。

前夜から、首相官邸内のテント村に新聞記者たちが待機していると、そこへ和服姿の東条がタバコを吸いながら現れ、談笑の輪の中に入っている写真が残されている。

これを見ると東条もにこやかにはしているが、開戦まであと五十日しか残されていないこのとき、大詰めを迎えた日米交渉だけでなく、降って湧いたとんでもない事件で、内心は穏やかではなかったのだ。そういえばこの写真も、顔は笑っているが、目は笑っていない。

すでに陸軍の中枢だけでなく、皇室まで巻き込んだ事件のうっすらとした概要《がいよう》が伝えられていた東条は、首相、陸相だけでなく、日本の警察を指揮する内相まで兼任する決意を固めていた。

実際、事件を軍法会議では扱わず、事件から軍と皇室の関わりを闇に葬り、治安維持法だけで裁いた上に、司法にも圧力をかけたのはそのためだ。

東条内閣の司法大臣にも、近衛内閣時代から入魂《じっこん》だった岩村通世《いわむらみちよ》を司法大臣に据え置くという、念の入れようだった。一連の事件が軍や皇室に及ぶ事実を闇《やみ》に葬ったのは、極度に軍の組織の保持にこだわり、皇室を神のごとく仰《あお》ぐ東条英機にほかならない。

いま事件の舞台の一つになった秩父宮邸は、赤坂御用地の巽門の奥まった所に、ひっそりと佇んでいる。小鳥の囀《さえず》りがしきりに漏《も》れてきて、ここが東京かと思うほど、中の清閑《せいかん》な世界が垣根《かきね》の外から窺える。

ゾルゲや北欧の女スパイが出入りし、親独派の陸軍将校や二・二六事件にかかわる青年将校が頻繁に訪れた秩父宮邸。屋敷の主はとおに亡くなり、妃殿下も亡くなって後継者はいない。いま屋敷の主は秋篠宮である。

■銀座のゾルゲ

ゾルゲは諜報活動に凄腕《すごうで》を見せたが、女関係も派手だった。前出銀座のダンスホールを兼ねたクラブ「フロリダ」では常連客で、「サロン荒らし」の渾名《あだな》がつくほど女《おんな》漁《あさ》りしていたし、シルバー・スリッパー、フリーダー・マウスといった、銀座のバーにも女連れでよく顔を出した。

中でも銀座五丁目にあったドイツ風酒場兼レストラン「ライン・ゴールド」は、いつも出入りしていた店だった。店内にはドイツ歌曲「冬の旅」や「美しき水車小屋の娘」が流れ、本場ドイツのビールを飲むことができた。

店主のケテルは気さくなドイツ人で、祖国の雰囲気がいつも流れるこの店では、ウエイトレスだけが日本娘だった。もっとも彼女らの源氏名はアグネス、カタリーナ、ユリアといった具合にドイツ名である。

そのライン・ゴールドがあった場所については、国文学者池田弥三郎の著書『銀座十二章』には、次のように描かれている。

《西四丁目の露地の角は、手前がブロードウエイで、反対側の角がヨーロー、その露地を西に出ると、右の角がライン・ゴールド。通りを隔てた向こう側にサイセリアがあった。サイセリアは、学生や学生上がりの足ぶみできるところではなかったが、ライン・ゴールドやブロードウエイにはときどき出かけた。しかし、わたしの行きつけはヨーローであった、前後数年にわたって、わたしはほとんどここでばかり飲んでいた。当時、ブラック・エンド・ホワイトが、一杯五十銭であった。》

池田弥三郎は、銀座で知られた老舗の天ぷら屋「天金」の二男に生まれ、「頭の上で鳴る服部（現和光）の時計の音を聞きながら育った」というのが自慢の江戸っ子である。

ライン・ゴールドの当時の地番は銀座五―五―八であるから、現在では五丁目五番地である。池田弥三郎の記述に沿って歩くには、「ゾルゲ関係文献翻訳集№32（p51)」が参考になる。これによると、二〇〇六年までは「ジャーマン　レストランケテル」の名で営業していたが、今は「EIGHT　MILLION」（北隣がカルティエ・ビル）の店舗。（銀座5―5―14）」とある。
ライン・ゴールドでは客の半分はドイツ人だったから、ゾルゲは辣腕《らつわん》のドイツ人ジャーナリストとしてジョッキを重ねて陽気なドイツ人を演じるには好都合な場所だったし、周囲の視線を気にせずに楽しめた。ドイツ語が上手く、酒好きな尾崎とは店内で落ち合い、話が終わるとここで別れた。

帝国ホテルのバーも彼らはよく使った。ここは外国人が多く、商社マンたちの交際の場でもあったから、安心して話ができた。ただし個室を使うことは、モスクワのコミンテルンから禁じられていた。盗聴の恐れがある上に、官憲側が妙齢の女性をバーなどに送り込んでいる可能性があるから、部屋に引き入れたりすると、危険だからであった。

その帝国ホテルの前の日比谷公園も外国人たちが散策している光景が珍しくなかったから、ゾルゲは噴水のそばのベンチで鳩《はと》を眺めながら、部下のヴケリッチやクラウゼン、尾崎と何気ない調子で情報を伝え合っていた。

スパイたちは、人目に付きにくい処《ところ》は却《かえ》って危ないことを知っていた。日比谷公園は帝国ホテルと海軍省に挟まれた都会のオアシスであるから人も多く、見られても不自然さがない。

ただし大事な話はボソボソと話し、終わると大声で雑談したり、大笑いの演技をした。飲むときも、大事な話のあとは楽しく大声でわめきながらジョッキを重ねるのが常だった。そしてウエイトレスや回りの客たちには、何気なく微笑み、彼らと会話する場合も、人当りをソフトにすることが必須条件であった。

もう一つ、尾崎とゾルゲが頻繁に情報交換していた場所に、満鉄ビルの中のレストラン「亜細亜」があった。虎ノ門交差点に近い満鉄東京支社が入っている満鉄ビルの六階である。因みに文部省の斜め向かいの満鉄ビルの跡地は、現在、商船三井ビルになり、霞が関にかけて官庁街はここから始まる。

満鉄支社調査部に高級嘱託として在籍していた尾崎には便利だったこともあるが、彼の顔で人目に付きにくい一画を使えたからだろう。そこで尾崎は、西園寺公一らとの会合にもよく使用していた。

ゾルゲと尾崎が最後に会ったのも、「亜細亜」であった。その日の夕刻、「じゃあ元気で」と互いに言って、虎ノ門の交差点で別れた。尾崎の供述によると、信号待ちしている尾崎が振り返ると、ゾルゲもこちらに視線をちょっと送ってから、いつものように右脚を少し引きずりながら、向かいの文部省の前から霞ヶ関方向の闇の中に消えて行ったという。この日は昭和十六年十月三日。尾崎はその十二日後、ゾルゲは十五日後に逮捕されることになる。

■ゾルゲの愛人たち

ゾルゲを巡る女性たちの中に、ライン・ゴールドのウエイトレス、アグネスこと石井花子がいた。ゾルゲの日本人の愛人として知られ、晩年まで彼の月命日《つきめいにち》には欠かさず墓参した唯一の女性であった。

男が諜報活動のために、自分の手足となる女を取り込むことは珍しくない。だがゾルゲのように、孤独感の慰《なぐさ》めや欲望のはけ口のために大酒を飲み、女と浮名《うきな》を流すことは、ストイックな生活が求められるスパイの道では、タブーとされていたのである。

ゾルゲは、その道が三度の飯より好きだったが、山科《やましな》で茶屋遊びに興じた大石内蔵助《おおいしくらのすけ》のように、偽装工作のための遊びとして、割り切っていたらしい。女の方も「彼の妖気《ようき》に当てられると、金縛《かなしば》りになってしまった」と感慨を漏らしている。

モスクワにいる妻のカーチャは別として、愛人としてもっとも入れ込んでいたのは、独逸大使館内の宿舎にいるハープ奏者のエタ・シュナイダーという女性であった。

現在の国会図書館の庭の裏側は、独逸大使館があった当時は、裏塀の向こう側の梨木坂は暗い路地であった。現在でもここは街路樹《がいろじゅ》の枝葉《しよう》に広く覆われ、人と車の往来《おうらい》も少ない、ひっそりとした通りである。

ゾルゲは夜のとばりが下りる頃、先に大使館を出て、いつの間にか闇の中に消える。だが目を凝らすと、黒いダットサンが大きな木の陰で止まっている。そこにエタが小走りに駆け寄ると、すぐに車は静かに走り出す。

戦後、エタ・シュナイダーはこう回想する。《ゾルゲの車はいったん（梨木坂を下ってすぐに左に折れ、国会議事堂前を通って溜池交差点に下り、飯倉片町の坂を上った。そこから麻布十番町を通って鳥居坂方向に向かうと、ゾルゲの家は間近であった。》

■ゾルゲ旧宅

ゾルゲが、麻布区永坂町に居《きょ》を構えたのは、昭和八年（一九三三）暮れのことであった。この家で半同棲していた日本人の愛人石井花子の回想録『人間ゾルゲ』には、次のように書かれている。

《彼の家は麻布永坂町（三〇番地）にあった。ほどなく長い坂に差しかかり、坂を下りきって、突き当りの鳥居坂署を左に曲がり、路地のところで車を止めた。狭い道を入るとすぐ、板塀に囲まれて同じような洋風の二階建の家が三軒あって、一番奥の左側の家が彼の家だった。玄関で彼がポケットから鍵を取り出して開けている間、私は家の構えを見た。日本人なら中産階級に属する文化住宅だと思われた。》

現在、向かいの鳥居坂警察署とゾルゲ宅の間は上を首都高速環状線、下を片側三車線の道路が走っている。

ゾルゲ邸があった場所の現在

当時の鳥居坂署は、今は鳥居坂保護所と隣が十八階建の警視庁職員住宅となっているが、港区区役所住居表示係と、港区郷土資料館の見解では、ゾルゲ宅は、現在の地番では港区東麻布三丁目四番地の一〇～一八号あたりになるそうである。

したがって歩道の一部と、車が十台ほど置ける角の駐車場と、隣の「ルート東麻布ビル」の中間あたり。ここは一ノ橋ジャンクションから飯倉片町に向かう道路の、右側三本目の露地の入口付近になる。

いずれにしても当時の地図では、道路は今よりはるかに狭く、地元の人によると、戦前は静閑な土地柄であったという。

今この地に立って、ゾルゲがこの二階建ての借家を気に入ったのは何故だろうと考えてみたら、鳥居坂警察署の二階の窓から、丸見えだったからだ、と気がついた。狭く入りくんだ路地の、目立たない隠れ家は却って危ない。灯台下暗し《とうだいもとくらし》で、官憲は油断するはずと読んだに違いないのだ。大胆に裏をかくところがいかにもゾルゲらしい。

戦争の危機が迫っていた当時は、外国人というだけで警察の監視の眼が厳しかった。当然、鳥居坂署でもリヒャルト・ゾルゲに注目していたから、三宅花子はお陰で鳥居坂署の刑事から、しつこくゾルゲの行動を聴かれる羽目になった。まだゾルゲが疑われていない頃のことである。

「旦那は昨日どこへ行っていた」

「帰ったのは何時だ」

「あの家で何をやらかしてるか、みんなお見通しなんだ。あんたが白いケツ丸出ししてるところだってな。夕べも上になったり下になったり、派手にやっていたなあ」

この刑事は、いつも窓から双眼鏡で寝室を覗き見していたのだ。ゾルゲは部屋のカーテンをいつも少しだけ開けておき、「放蕩《ほうとう》にふけるただの外国人」を演じる偽装工作だった。

石井花子がこの家に来るのは週の前半に限られていた。週の後半には、エタ・シュナイダーはじめ、ほかの女性が来ることになっていたからである。これも「放蕩生活を送る外国人」を装うことに役立っていたとみられる。

ゾルゲ宅には部下も訪ねてきた。クラウゼンやヴケリッチ、尾崎秀実《おざきほつみ》や宮城与徳《みやぎよとく》も早朝の安全な時間帯にはひっそりと訪ねてきて、情報を伝えていった。

ゾルゲは「戦争を起こさせないのがプロのスパイ」だといつも言っていた。だが尾崎秀実と違い、コミンテルンの謳《うた》い文句「世界共産主義革命」は独善的《どくぜんてき》で、夢想に過ぎないと見抜いていたようである。

そこで第二次世界大戦勃発《ぼっぱつ》の危機という、未曾有《みぞう》の国難を目の前にして、現実路線に切り替えた。「反ファシズム」「赤軍勝利」のため、智の戦士としての献身的奉仕である。その彼を支えていたのは、「情報の最大価値は、戦争の勝利にあり」の信念だろう。

日夜、銀座界隈で酒を飲んでわめき散らし、女を抱きながらも、目はしっかりと日本の中枢機関に注がれていた。誰にも愛想がよく、ジョークでまわりに笑いの渦を巻き起こしていたリヒャルト・ゾルゲ。戦争の秋に生を受け、東京を舞台にして目いっぱいの演技を貫いた一等俳優である。

ゾルゲが麻布永坂町の家から警視庁特高外事課の刑事たちに引き立てられていくのは、それから八年目の昭和十六年十月十八日のことである。先にも記したように、この日は東条内閣発足の日であった。

■尾崎秀実が住んだ街

都会の静かな住宅街にも意外な場所があるものだ。高級スパイ、それもゾルゲ国際諜報団の主力メンバーの家といえば、たいそうな場所を想像しがちである。だが東横線「祐天寺」駅の近くで静かなことを除けば、ありふれた民家が立ち並ぶだけで、特異なものは何もない。平凡こそ偽装工作に不可欠な条件である。スパイは目立ってはいけないが、物陰に隠れるような佇まいであってもならない。人に不信感をもたせないのが鉄則なのである。

そこは東横線の「祐天寺」西口を出ると、線路沿いに学芸大学方面に戻る二本目の道を数分歩いて左手奥に入ったところにある。尾崎も家族も後々まで「祐天寺の家」と呼んだのはこの家のことで、目黒署に検挙される昭和十六年十月十五日まで五年間住んでいた。これが彼には自由世界最後の住いになり、家族との生活もここで打ち切られたが、残された夫人と娘は、戦後もずっとここに住みつづけた。旧目黒区上目黒五丁目二、四三五番地で、現在の住居表示では目黒区五本木一丁目三十四番地六号～十三号と、一丁目三十七番地六号～七号に分かれてかなり広い。

尾崎が住んでいた家は角から二軒目の家で、今はアパートになっているが、当時は石段を上ると二階建ての大きめの家であった。現在、この尾崎家跡の近くには寺の山門を思わせる古い構えの家があり、ここが家主のT宅である。先年八月のある日、お茶をよばれながら、主人の昔話を聞いた。

「私は小学生でしたから、尾崎さんのことはあまり記憶にありませんが、親父の話では、尾崎さんはよくわが家にお見えになったそうです。優しそうな人だったと言っていましたね。

奥さんとお嬢さんとは、その後も付き合いがありましたからよく覚えています。奥さんの英子さんは背の高い人で、物静かな方でした。お嬢さんは利発な方で、東大（註：東京女子大）に行ったと聞いています。尾崎さんもそうでしたが、みなさん、この

尾崎秀実

土地柄が気に入っていたようです」

とくに尾崎の場合は中国研究に没頭し、独り思索《しさく》に耽《ふけ》るには好都合な佇《たたず》まいだったのだろう。そこには静寂と思索、そしてスパイ行為という、三つのキーワードが密度濃く集約されていたのだ。

上海から大阪に戻り、東京勤務になった尾崎が家族と最初に住んでいたのは、東横線「祐天寺」駅近くの新築の二階建ての貸家で、そこに二年いた。しかし本が増えて手狭になったため、そこから百メートルほど離れた大きい空き家に移ったのである。妻英子の手記によると、高台の静かな佇まいを、朝の散歩の折に尾崎が見つけたのだという。

当時の尾崎は、満鉄からの手当に原稿料、講演料を合わせると、毎月千円の収入があり、サラリーマンの平均収入の十倍であった。元来、尾崎は派手好みの男だが、それでも表向きは静かな平凡な生活に徹していたのは、目立たないように偽装していたのだろう。

■尾崎という男

尾崎はゾルゲにとって高度な情報提供者であったばかりか、もっとも信頼のおける同志であった。明治三十四年（一九〇一）、高輪泉岳寺に近い東京芝伊皿子町《いさらごちょう》で生まれ、生後五ヵ月でジャーナリストの父親の任地台湾に渡った。台北中学（のちの台北一中）、一高、東大法学部に進み、東大大学院時代は、台湾時代から家族ぐるみの縁がつづいていた後藤新平《ごとうしんぺい》から学資援助を受けている。

大学を出ると朝日新聞に入社した。その後、昭和三年秋から七年二月までの上海特派員時代、ドイツ人女性が経営する左翼系の文献を売る書店のこの女店主の紹介で、米国人ジャーナリストのアグネス・スメドレーと知り合い、彼女を介して運命のゾルゲに引き合わされる。尾崎にとってゾルゲ事件に関わる第一のステップであった。

因みに書店の女店主イレーネ・ワイテマイヤーは、コミンテルンの指令を受けていた女性で、まもなく姿を消し、モスクワに帰ったといわれる。

それはともかく、尾崎にはゾルゲとの邂逅《かいこう》が運命を変えたのは事実だが、たとえゾルゲと出会っていなくても、中国共産党の諜報部員と接触していたから、スパイ活動をしていたはずである。その実、のちのちまで中共にも情報を送り続けていたことが判明している。だがゾルゲはその事実を知らないままだった。

新聞記者の尾崎は情報マンであり、おまけに中国への造詣《ぞうけい》が深く、情報分析能力にも優れていた。スメドレーと尾崎に共通しているのは、虐げられてきた中国民衆への哀情、弱者への優しい眼差しであった。両者にとって、中共との絆《きずな》の原点はそこにある。

だが彼らの仲が男女の関係に発展するとまもなく、蔣介石《しょうかいせき》国民党工部局警察、上海の日本領事館警察から目をつけられることになった。中国共産党と関わりの深いスメドレーの行動を官憲が追っていたところ、尾崎が彼女のアパートに出入りしている事実を掴まれたのだ。

時は昭和七年二月下旬、第一次上海事変のさなかのことである。上海支局は猫の手も借りたいほど多忙な時期だったのに、大阪朝日は表向き「定期異動」として、尾崎を大阪本社に戻してしまった。世に言われる「ヌーラン事件」の余波であった。モスクワから上海に送り込まれたスイス国籍のヌーラン夫妻が、スパイ活動の嫌疑《けんぎ》で蔣介石政権の工部局警察に逮捕され、国外退去させられたこの事件。スメドレーがこのスイス人夫妻と同志関係にあったことから、尾崎も官憲の網にかかってきたのである。

大阪に戻った尾崎は、まもなく東京朝日の「東亜問題調査会」の専門委員として、東京勤務となった。だがそれより以前、昭和八年九月、ゾルゲは日本潜入を果たしていた。そして東京での再会が、尾崎には第二のステップとなる。

その後尾崎は朝日を退き、満鉄東京支社調査部の高級嘱託をしながら、近衛文麿《このえふみまろ》のブレーンになっていく。

すでに尾崎は著名なジャーナリストであり、学生時代の友人たちも、各界で重要なポストに就いていた。尾崎が高度な情報を入手できたのは、学閥《がくばつ》、メディア世界のキャリアがものをいったのである。

事件発覚後、近衛文麿は「何か見えないものに操《あやつ》られていた気がする」と述懐《じゅっかい》する。総理在任中の日中戦争のさなか、「蔣介石を相手にせず」の発言をしたり、日米関係が暗礁《あんしょう》に乗り上げると、北進ではなく、南進政策に傾いていったのも、尾崎の進言があったからだと、指摘される背景である。

「尾崎は、顔は笑っていても、目が笑っていなかった」は、外務省出身で近衛文麿の私的政治研究会のメンバー牛場友彦の回想である。

では尾崎は何ゆえ共産主義に傾倒《けいとう》していったのかとなると、台湾で育ったことが一つの契機だったと自身で述べている。日本の植民地下で見た被支配民族の姿や、海峡《かいきょう》の向こう側の中国本土が、列強の食い物にされている姿に、衝撃を受けたらしい。

上海に渡る前から、白川次郎のペンネームで左翼系文献の翻訳をしているが、上海時代に中共と繋がりをもつようになった。人は偽名を使うとき、自分と何らかの繋《つな》がりがあるものから取る。「白川」は父親の出身地岐阜県賀茂郡西白川村、「次郎」は自身が次男だったことに由来する。

父親の出身地はその昔、楠木正成《くすのきまさしげ》の三男正儀《まさのり》の領地であった。尾崎とは同じ年で、一高以来の友人風間道太郎が書いた『尾崎秀実伝』によると、尾崎は楠木家の末裔《まつえい》だそうだ。事実であれば、楠木家は天皇を護《まも》った忠臣の家柄だが、尾崎は天皇の国家に弓《ゆみ》を引《ひ》いたことになる。

尾崎は表向きには共産党員ではなかったが、ゾルゲ事件発覚後、取調べた検事と判事の質問に、「私は共産主義者です」と言っていた。

だが尾崎はゾルゲと違い、コミンテルンが掲げる世界共産主義革命と中国革命の勝利を信じていくしかなかったとみられる。ゾルゲは動乱の中に翻弄《ほんろう》された中国民衆の姿に同情はしていても、彼の役割はあくまでソ連を守ることでしかなかったのだ。

しかし尾崎は、最後までそのことに気づいていなかった。ジャーナリストで、世界の動静を注視している尾崎が、コミンテルンの将来に疑問を抱かなかったのは、不思議といえば不思議である。

結局、諜報活動に自己の属性を持たなかった悲劇というほかはなく、理想とする共産主義の未来を、信じるしかなかった。現実主義のゾルゲ、ロマンチスト尾崎。その尾崎の心情は哀れというほかはない。

因みにスメドレー女史はジャーナリストで、モスクワと結ぶ組織直属の諜報員ではない。あくまでアメリカ共産党員として、毛沢東《もうたくとう》や周恩来《しゅうおんらい》らと中国共産党の聖地「延安」の洞窟《どうくつ》で暮らした時期もあり、中国民衆の味方に終始《しゅうし》した女性だった。

彼女は日本に二度立ち寄っているが、アメリカと中国を往き来した際、ごく短期間の滞在に過ぎなかった。その間、尾崎と上野の帝室博物館（現国立博物館）前の庭や皇居前広場を散策しながら、情報交換しただけだった。

彼女が日本に潜入し、かつての上海時代のように、ゾルゲ、尾崎とともに活動していれば、日米関係も違った経緯を歩んだか、少なくとも大きな波紋を投げていたと思われる。

■終焉を迎えた尾崎

尾崎宅には、日曜日になると画板をかかえた画家の宮城与徳が、娘楊子に絵画を教える名目で情報を伝えに来た。上海以来の同志川合貞吉もやって来たが、ゾルゲや部下のヴケリッチやクラウゼンが訪ねてくることはなかった。

だが昭和十六年十月十五日で、それまでの平和な生活は終わりを告げた。早朝、二階の書斎で読書していた尾崎は、十人ほどの特高《とっこう》や目黒署員に踏み込まれ、目黒署に引き立てられていった。以後、この家に戻ることはなく、妻子と面会も赦《ゆる》されることはなかった。

その後、三年余りを獄中で過ごすと、ゾルゲと同じ昭和十九年（一九四四）十一月七日、東京拘置所で絞首台《こうしゅだい》の露《つゆ》と消えた。ゾルゲは「ロシア万歳！　赤軍万歳！」を唱えたが、尾崎は最後の瞬間、お茶のお代わりを所望《しょもう》してうまそうに飲み干すと、「心頭《しんとう》を滅却《めっきゃく》すれば、死《し》もまた涼《すず》し」と呟《つぶや》いたそうだ。ゾルゲ五十三歳、尾崎は四十三歳であった。

奇《く》しくもその日は「ロシア革命二十九周年」を祝う日で、モスクワ市中には礼砲《れいほう》が轟《とどろ》き、祝賀メッセージがソヴィエト全土に流れていた。ソ連の参戦を阻止《そし》し、米英との戦を好条件で終止符を打ちたい日本にとって、仲介《ちゅうかい》の労を取ってほしいソ連なのに、重要人物をこれ見よがしに処刑してしまったのは何故か。それも、よりにもよって革命記念日に。やはり歴史には謎が多すぎる。

■宮城与徳住居跡周辺

もう十年近く前だったと記憶しているが、ＮＨＫの番組で、六本木の住人宮城与徳《みやぎよとく》の特集を放映したことがある。沖縄の志士で、ゾルゲと尾崎の片腕として活動した男というより、画家宮城与徳にスポットを当てた番組であった。その宮城とはどんな男で何をして、どんな最期を迎えたのだろうか。

六本木交差点から芋洗坂《いもあらいざか》を下り、右手に朝日稲荷神社を見て、次の角を右に曲がると、細いゆるやかな坂道になり、右手の老舗《しにせ》の天ぷら屋の先が法典寺。宮城の住いはその向かいあたりになる。当時はすぐ裏手に府立第三高女があった。昭和十二年製作の地図で見ると、現在の六本木中学の敷地あたりであるが、旧番地で麻布区竜土町二十八番地（岡井安正方）の素人下宿であった。

現在では港区六本木六丁目八番地になり、当時は歩兵第一連隊、第三連隊がすぐ近くにあった。

宮城がこの地を選んだのは何故だろうか。警察にとって軍の駐屯地周辺は盲点であり、近所をぶらつく兵士と接触しやすい利点もあった。実際、彼は何人もの兵士に親しく接近し、演習の内容、連隊の移動先などの情報を集めていたのだ。

芋洗坂の周辺は、当時は木造の民家、商店、古い料亭などが並んでいたが、現在では、英国風のパブ、イタリアン・レストラン、カレー専門店などが軒を連ねている。そこをタイム・スリップして、いまここに宮城が現れたら、どんな表情をするだろうか。

ベレー帽にコートの襟《えり》を立て、画板《がばん》を抱えた貧乏画家宮城与徳が、黙々と、あるときは周囲にさり気なく警戒の目線を送りながら歩いていた光景との、コントラストがおもしろいのである。

宮城はロスアンゼルス在住の画家であった。尾崎の生誕《せいたん》より二年後の明治三十六年(一九〇三)年沖縄名護に生まれ、十三歳で父親の後を追ってアメリカに渡った。サンディエゴ市立美術学校を出ると、ロスアンゼルスで北林トモという日本婦人の家の二階に間借りしていた。

この北林はロスアンゼルスを活動の拠点にするアメリカ共産党日本人部会のメンバーであったところから、宮城も入党するようになる。

アメリカに移住した人間たちの中には、人種差別をきっかけに共産党の活動に奔《はし》った者が少なくなかったが、彼らには現地に根付いた反日の空気も加担したとみられる。

やがて宮城は党幹部の指示を受けると、上海に次ぐ極東の根拠地日本を目指したが、アメリカ共産党の拠点カリフォルニア↓上海↓東京↓モスクワには金の流れと、情報のルートがあったことを物語っている。

東京の宮城はあらかじめ指示された通り、早速ジャパン・タイムズの前身、「ジャパン・アドヴァタイザー」紙に「著名な作者の浮世絵買いたし」の広告を出すと、ゾルゲから連絡が入り、両者は邂逅《かいこう》することになった。画板を持った画家姿の宮城と、絵画好きな西洋人を装うゾルゲが初めて落ち合った場所は、上野の美術館（現東京都美術館）の中であった。

東京の宮城は、南龍一の偽名で各地の陸軍下級兵士たちに接触して、満洲への移動時期、演習の内容などを聞き出していた。「南」は「南の島」、「龍」は琉球に由来する名称である。絵の特技を生かして、軍港を見てから密かにスケッチしてゾルゲに渡したこともある。

宮城は危険を冒《おか》して尾崎とも頻繁《ひんぱん》に連絡を取るようになったが、その一方で同志や細胞を安易に増やしてしまった。ゾルゲが「私は日本共産党員を信用していない」と言っていたのは、治安維持法の下にあって、彼らは警察のブラックリストに載っている場合が多かったからでもある。その結果はゾルゲが危惧《きぐ》していた通り、諜報団にほころびを生じ、組織瓦解《そしきがかい》の糸口になってしまうのである。

当時は、日米関係が悪化の一途《いっと》を辿《たど》っていた時期であった。警視庁外事課はスパイの潜入を恐れて、アメリカ在住経験者を洗っているうちに、ロスアンゼルスの住所が共通し、在米の時期が一致する北林トモと宮城が浮かんできた。

そこで事情聴取した北林の供述から、宮城は家で寝ているところを特高警察に踏み込まれる。この宮城の供述から、諜報団の概要《がいよう》、個々のメンバーの役割まで詳細に判明することになる。彼のように過剰なまで一途な人間は、落ちやすいのだ。

宮城は自殺を企てたが未遂《みすい》に終わり、その後結核《けっかく》が悪化して判決を待たずに十八年八月二日に死亡した。

従兄の宮城与三郎もアメリカ共産党員であった。在米中に赤狩りに遭いソ連に逃れたが、ほかの日本人同様銃殺される運命が待っていた。宮城与徳もそのままアメリカにいれば、同じ運命を辿った可能性が高い。

戦争の世紀には、国際間の谷間にあって、息をひそめて鋭い視線を送った人間たちにも、多くは過酷な運命が待っていたのである。

■マックス・クラウゼン

地下鉄日比谷線広尾駅で降りて地上に出ると、周辺には、英国風にビヤダルの上にビールのグラスや生ハムなどのおつまみを載せ、客はゆったりと歓談している、そんな店がこのあたりにはいたるところにある。冬の寒い時期を除いては、歩道も店の一部に早変わりする。店の客も行き交う人も西洋人が多いから、外国のどこかの街に来たのかと錯覚してしまいそうになる。

そんな駅前の光景の中を、東側に広がる有栖川宮《ありすがわのみや》記念公園（以下、有栖川公園）に沿って、駅前から愛育病院に向かう緩やかに上っていく道がある。

途中左側にあるキリスト教会の向こう隣は、今は瀟洒《しょうしゃ》な大きいマンションになっているが、通りの切れ目からは、裏手の木立の中にスウェーデン大使館とスイス大使館が垣間見える。

有栖川公園と向かい合うそのマンションがあるあたりは、戦前の詳しい地図で見ると、木造の民家がポツポツ建っているだけの、静閑な住宅街だったことが分かる。

昭和十年晩秋《ばんしゅう》の頃から、この一角にあった木造二階建ての貸家に住み着いたドイツ人がいた。住居は麻布区広尾町二番地で、現在の住居表示では港区南麻布五丁目三〜五番地。

一階を住いにして二階を仕事場にしていた小太りのこの男は、まわりの日本人には笑顔を絶やすことがなかったが、じつはこういう愛想のいい人間が危ない。

男の名はマックス・クラウゼンといい、妻のアンナも間もなく追うようにやって来たが、クラウゼンとは上海で知り合ったのだった。

ゾルゲ国際諜報団の中にあって、有能なこのドイツ人無線技士は、上海時代にゾルゲと組んでいた時期があり、その腕をボスに見込まれて日本に呼び寄せられたことになっているが、クラウゼンに対するモスクワの空気が冷たくなっていたことも原因していたといわれる。妻アンナが白系ロシア人だったのだ。

彼らが気に入っていた向かいの有栖川公園は、江戸時代には盛岡藩主南部美濃守《もりおかはんしゅなんぶみののかみ》の下屋敷であった。明治になって有栖川家の御用地となり、それを受け継いだ高松宮が昭和九年、東京市に下賜して有栖川公園となった。

もともとヨーロッパ人は緑の公園に、深い思い入れがある。ゾルゲは日比谷公園がお気に入りだったし、ヴケリッチは神宮外苑が好きだった。クラウゼンがここを選んだのも、やや高台になっていて送信しやすいだけでなく、深い緑の木々に囲まれた広い庭園で、日々の緊張感を忘れるためだったとみられる。

彼が日本郵船龍田丸でサンフランシスコから横浜に到着したのは、昭和十年（一九三五）十一月二十八日であった。ゾルゲの日本潜入から二年二カ月後のことである。アメリカ経由で来日したのは、モスクワの指示でソ連の臭いを消すためであった。

無線技師クラウゼンの技術は、神業《かみわざ》であった。東京の小さな電気店を回って少しずつ部品や銅線のコイルを買い集めると、まるで手品師のように無線の送受信機を作りあげ、移動するときは、分解してポケットに入れるサイズにしてみせた。

有栖川宮記念公園

部品集めに神経を使ったのは、大型店で一度に部品を買い込むと目立つからである。それでも通常の電球は乾電池などと一緒に買うような慎重さを見せる一方、ひょうきんな仕草《しぐさ》で人を笑わせたり、エロ写真を大伸ばしして悦に入っているといった、おっちょこちょい振りもみせた。

仲間のヴケリッチの夫人淑子から見たクラウゼンは、「夫の仲間にしては知性を感じさせなかった」というが、どんぐり眼《まなこ》をした悪戯《いたずら》っぽい表情は、野球のベーブ・ルースによく似ている。

だが、技術者クラウゼンとなると、その評価は一変する。のちのゾルゲ裁判では居並ぶ判事や検察官の前で、無線機の組み立てと分解作業を素早くやってみせ、まわりが驚嘆《きょうたん》の表情をすると、ニンマリと悦に入っていたそうだ。

クラウゼンはゾルゲが作成した英文の報告

書を数字に転換して暗号文に組み、自ら作り上げた無線機で発信した。日本の政治事情から陸海軍の動き、装備、将来に向けた戦略にいたるまで、尾崎の分析を生かした高度な情報ばかりであった。因《ちな》みに東京発極秘暗号電の第一号は、昭和十一年二月二十六日に勃発した二・二六事件を伝える電文であった。「東京に革命起こる。主都の要所を占拠し……」

クラウゼンは深夜、微弱《びじゃく》な電波でウラジオストックに送信すると、イルクーツクを経由してモスクワに届いたのである。

しかし日本側も、ただ腕をこまねいていたわけではなかった。逓信省《ていしんしょう》無線局や陸海軍無線傍受班、京城（現ソウル）の朝鮮総督府無線局、台北の台湾総督府無線局などもアンテナを張り巡らせていたから、深夜になると不審な電波が東京から発信されている事実を掴《つか》んでいたのだ。

だがクラウゼンはその都度同志や知人を頼って場所を変え、長い電文の場合は短く区切り、場所を変えてつづきを発信していたので、当時の日本側の技術では、電波の方角しか掴めなかった。

それでも二年後には東京逓信局が不審な電波を捉えて一部は解読に成功していたし、昭和十四年四月には、朝鮮総督府無線局も解読していた。とくに日本陸軍の動向はもとより、昭和十六年初頭以来、米駐日大使ジョセフ・グルーが発信していた、日本側との交渉を伝える電文も解読されていた事実が判明している。

解読技術が進むにつれ、クラウゼンが夜《よ》な夜《よ》な発信する怪電波に、東京憲兵隊本部も内務省警保局も重大な関心を寄せていたものの、狭くて入り組んだ京浜地区では、電波の発信源が特定できなかったのである。

だがクラウゼンにしてみれば、無線のアンテナは外に出せない。そこで微弱な良質の電波を発信するには、周囲が立て込んでいない木造三階建ての家が理想的であった。とはいえ当時は三階建ては少なかったので、彼は二階建て木造家屋を選んでいたが、「池袋周辺が送りやすかった」と供述している。

マックス・クラウゼンが逮捕されたのはゾルゲと同じ、十月十八日早暁《そうぎょう》のことだった。緻密《ちみつ》で慎重な性格とは裏腹《うらはら》に、彼にはずぼらな面もあった。その日、特高に踏み込まれたとき、打ちかけの暗号文や、無線機もそのままにしていたことが致命傷《ちめいしょう》になった。

しかし「スパイではなく、単なる無線技士」と自任していたことから、罪は軽いはずと読んだのか、スラスラと諜報団の内情を話してしまった。

事実、クラウゼンの場合は、ゾルゲのようにコミンテルンの掲げる世界共産革命というイデオロギーに共鳴し、赤軍第四本部で高度な特殊訓練を受けてきた男とは、そもそも負っていた任務が違っていたから、諜報活動への視点が定まっていなかった。自身の特技を生かして、現在のコピー機に当たる青焼きコピー機の開発に目途《めど》がつき、日本の陸軍や商社などへの売り込みも成功しつつあったことから、ゾルゲ諜報団から足を洗うつもりだったのである。

結果は終身刑であったが、アンナ夫人（懲役三年）とともに終戦の翌月に釈放され、東ドイツに戻っていった。

現在、日露研究センター事務局によって、モスクワが受信した電文の翻訳作業が進んでいる。その一部を見ただけでも、日本の内情が正確にモスクワに届いていた事実には、声を飲むばかりである。今後情報がさらに公開され、翻訳作業が進めば、軍や皇室の関わりまで白日《はくじつ》の下《もと》に晒《さら》されることになる。「驚愕《きょうがく》の昭和史」となる可能性が十分にあるのだ。

■ブランコ・ド・ヴケリッチ

諜報団にはもう一人、有能な外国人がいた。ブランコ・ド・ヴケリッチという、クロアチア生まれのユーゴスラビア人であった。

ヴケリッチが住んでいたのは、牛込区左内町二十二番地、現在も町名と番地は変わらないまま、新宿区市ヶ谷左内町二十二番地になった。

JR市ヶ谷駅を出るとそのまま市ヶ谷橋を渡って右に曲がり、最初の市ヶ谷見附の信号を左に上っていくのが左内坂。坂を登り切った左側は、戦前は陸軍士官学校で、戦後は米軍が占領していたが、その後自衛隊の用地になった。左内町二十二番地は、この左内坂を二百メートルほど登った右側の、大日本印刷第二ビルがそれである。

この坂を、戦前は陸士の生徒が、戦後は米軍人が行き交い、そして今は自衛隊員が昼食時になると坂道を降りてくる。

私はこの坂を登り切った左手の、JICA（国際協力機構）の研修所に通っていた時期があるが、まさか坂の途中にスパイが住んでいたとは、考えたこともなかった。高台であるから電波の送受信には、好都合だったに違いない。

ヴケリッチが住んでいた当時は二階建ての古い貸家で、妻淑子によれば一階は居間と食堂、女中部屋を改造した写真の暗室、二階は寝室と、ヴケリッチの仕事場を兼ねた書斎があった。

二階には当時は電蓄と呼んでいたレコード・プレーヤーがあったが、中は無線機であることを彼女が知ったのは、しばらくしてからだった。

ではヴケリッチとは何者なのか。裕福な貴族に生まれ、ソルボンヌ大学を出てから、フランスの革新思想に熱をあげる若者たちと議論している日々を送るうち、オルガという妙齢の美女から、日本行きを勧められる。「私は元赤軍兵士。でも銃を持つよりもっと大事なことがあることが分かったの」が殺し文句であった。

のちに事件が東京で発覚して取調が進んでいくうちに、特高警察は、秩父宮邸に出入りしていたアイノ・クーシネンはオルガだとみるようになったが、明確な根拠はない。

ヴケリッチにはオランダ人の妻エディットがいたので、夫妻はそろって日本に送られてきた。夫人はデンマーク体操の選手だったことから、玉川学園に職を得、彼の方はフランスの通信社アヴァス（のちのAFP通信）の契約特派員になった。これは身分の偽装と各国の通信社や特派員から情報収集できるだけでなく、逆にガセネタを流して情報操作するには好都合であった。ブラック・プロパガンダと呼ばれる謀略である。

日米開戦が迫った年の七月一日、ニューヨーク・ヘラルド・トリビューン紙に、二段抜きのこんな見出しの記事が載ったことがある。《日本は着々と南進の準備》。南方の資源を取りに、東南アジア、南洋諸島を侵略する気配であることを伝える記事である。

ホワイト・ハウスも軍も、その可能性はとっくに見越していたものの、あらたまって掲載されたこの記事は、アメリカ世論を刺激するには効果的であった。

ヴケリッチ邸があった市ヶ谷左内町。右手中央のビル付近がヴケリッチ邸

だがそのニュース・ソースは、ヴケリッチが東京で親しくしていた、アメリカ人記者ジョセフ・ニューマンにそっと伝えていた情報であった。

日米首脳会談と、日米交渉を潰《つぶ》したいモスクワの空気を読んだゾルゲから、ヴケリッチに出した指示であった。とはいえ、それなりの根拠もあった。尾崎を通して日本陸海軍の方針を把握していたからである。

それより一ヵ月前にも、彼はニューマンに、「独ソ戦近し」の情報を流していたことが、ニューマンの証言で明らかになっている。祖国ユーゴスラビアがドイツに蹂躙《じゅうりん》されているという個人的感情もあるだろうが、アメリカを参戦させたい諜報団の意図もみえる。

ヴケリッチは写真技術の天才でもあった。レンズを組み合わせて接写レンズにすると、日本の極秘文書や統計を取り込み、小さなマイクロフィルムに収めて、モスクワからの連絡員に渡していたのだ。その中には、開発中のゼロ戦（零式艦上戦闘機）の資料も含まれていたというから、驚きである。

だが私生活では、ヴケリッチは不仲になっていたデンマーク人の妻と別れ、日本人の山崎淑子と結婚していた。知り合った当時、淑子は津田塾に通う十九歳の学生で、数年後、前妻との離婚が成立したのを機に、神田のニコライ堂で密《ひそ》かに結婚式を挙げてしまった。

「知的で頭脳明晰。誠実で寛容で、社会の不正に対してしか腹を立てない人でした。尊敬し信頼できる彼をいつしか愛するようになったのです。もちろん私は、躊躇《ちゅうちょ》せず、彼に従うことを誓いました。」

淑子は晩年までそう言いつづけた。スパイは身近な者からまず騙《だま》すといわれるが、それは余計なおせっかいというものだろう。

ゾルゲに結婚を隠していたのは、諜報団の内情を知る前妻が嫉妬《しっと》して、秘密を暴露するのを恐れたゾルゲが、猛反対していたからであった。ヴケリッチの正体が、淑子の親戚周辺に漏れることにも危惧《きぐ》していたのだ。

結局、ヴケリッチの離婚、再婚を知ったゾルゲは、奥の手を使ってエディットと関係を結び、その後、国に帰らせたのだった。

ヴケリッチ宅には、無線技士のクラウゼンがしばしばやってきて、二階に上がると長時間出てこなかった。坂の途中にあるから、電波の送受信に好都合だったのである。

ヴケリッチ（左）と父親

当初、妻の淑子は、クラウゼンが来ると部屋に閉じこもったままいつまでも出てこないのでいぶかしく思っていたところ、夫から自分たちは共産主義者であることを打ち明けられる。そのとき淑子は、それがどうしたの、といった気持だったと、のちに語っている。

だが事件発覚後、この家から引き立てられて坂道を下っていくヴケリッチの後姿を、背中に赤ん坊を背負った妻は、呆然《ぼうぜん》と見送った。

クラウゼンやゾルゲには、彼らの母国ドイツとは同盟関係にあったから、日本の官憲には多少の遠慮はあったようだが、ユーゴスラビア人のヴケリッチには、容赦しなかった。

尾崎や宮城、配下の協力者たちにも拷問《ごうもん》が待っていたが、ヴケリッチにはさらにひどい拷問が加えられた。妻が若い日本女性だったため、官憲の怒りを買ったとみられる。大和撫子をたぶらかした不良外人というわけで、本来的な問題から逸《そ》れた、憎悪《ぞうお》の感情が向けられたのだろう。

ヴケリッチは一審の東京地裁の判決は死刑だった。二審を待つ間、東京拘置所内の理髪店での待ち時間に、のちに日本共産党委員長、議長になる宮本顕治と親しくなった。宮本の回想録によると、ヴケリッチは「自分は独ソ戦開始を予知して連合国側に知らせ、反ファッショ戦争に貢献した。『だから』といって、首を切られる仕草して、『こうなっても覚悟の上だ』ときっぱり語った。彼は反戦闘士としての誇りと覚悟をもって死につこうとしているようだった」という。

その後ヴケリッチは二審で無期懲役になり、網走《あばしり》に移送されたが、腸炎《ちょうえん》で痩《や》せ衰《おとろ》えていた上に真冬の網走刑務所の過酷《かこく》な生活に耐えられず、急性肺炎を併発する。

淑子には昭和二十年一月十五日、網走刑務所から「イタイ、ヒキトリニクルカ、トウホウデショスルカ、ヘントウマツ」という電報が届いた。やっと切符を手に入れた淑子は、吹雪の中を網走に駆け付け、白装束の夫と対面を果たした。終戦まであと七カ月を残していた。

ヴケリッチの母と山崎淑子

遺骨は預けてあったギリシャ正教教会の大主教宅が東京大空襲で灰燼《かいじん》となり、彼の墓はない。わずかに故郷ザグレブ市の中央墓地にある両親の墓碑に、「ブランコ・ド・ヴケリッチ」の名が刻まれているだけである。

その後淑子は自身の両親のもとに身を寄せ、外国大使館勤めや翻訳の仕事をしながら息子を育て上げ、九十歳の天寿を全うした。

生前の淑子を取材した映画「スパイ・

ゾルゲ」の篠田正浩監督からは、「彼女の凛とした生き方に感動しました」という話を伺った。

昭和という時代の暗闇から目を逸らすことなく、真正面から向き合った生き方もまた、当時の日本女性の生き方の一つだったということだろう。

■東京拘置所跡

東京拘置所跡の碑文《ひぶん》はサンシャインシティーに囲まれた東池袋中央公園の中の片隅にある。ゾルゲの愛人石井花子は、『人間ゾルゲ』の中に書いている。

《その池袋の東京拘置所跡地は巨大なクレーンが林立する都市再開発の現場だが、僅かに、残された刑場跡地は高い板塀に囲まれた空間で、三百坪ほどであろうか、地面に石灰を混じえたような白い土砂が敷きつめてあった。

遠くから目を凝らして見ると「戦犯」という字が見えた。この巣鴨プリズンで一九四八年（昭和二十三年）十二月二十三日、東条以下七戦犯が早朝処刑になったその刑場跡地でもあったのだ。》

都会のノッポなビルの群れの谷間に残された緑地。センセーショナルな事件の終着駅東京拘置所では、ゾルゲ、尾崎のほかに、いったい何人が絞首台の露と消えただろう。ここは生と死が隣り合わせる、なんとも不思議な地なのである。

周囲のビルの群れが生命の躍動《やくどう》の象徴とすれば、「永久平和を願って」の碑文に秘められた、累々《るいるい》たる死者の霊を宿した終焉《しゅうえん》の地とのコントラストは、強烈である。

拘置所で一生を終える人間は数が多いわけではないが、生と死はすべての人間が背

東池袋中央公園

東京拘置所跡の碑文

負った運命であるから、ただ生の時空間での生き様の違いに過ぎないだけである。

ゾルゲと尾崎自身は、「戦争させないための工作」に殉《じゅん》じた革命戦士と信じていたのであるから、通常の人間よりも生と死の舞台を、強烈に演じたことになる。

碑文を見ながら考えた。彼らが何を望み、何をしたかは明らかになっているが、ではその結果はどうだったのか。ゾルゲの行為が、ヨーロッパ戦線でのソ連の勝利に大きく貢献したことは事実であり、スターリン亡き後のソ連では、英雄として評価されたが、彼に協力した尾崎への反応はなかった。

スパイ行為は、人と国家を裏切ることが前提であり、孤独に生きることが求められた過酷な仕事である。それでもゾルゲやクラウゼン、ヴケリッチのように、戦後復権を果たすこともなかった尾崎は、果たして満足して死んでいったのだろうか。

日本での尾崎の評価は、近年でこそ変化は見られはじめたものの、「売国奴」「幻想に生きた男」のレッテルを貼《は》られたまま時は流れてしまった。それほど尾崎の行為は、日本人の主義と美学に、共鳴《きょうめい》を得るのは難しいのだ。

だが一高、東大で同期だった高田正判事から、量刑の軽減と引き換えに獄中転向を勧められても、「私は共産主義者として死んでいきます」と言って断った尾崎。立派といえば立派だが、これは火炎《かえん》の中に身を委《ゆだ》ねる殉教《じゅんきょう》の精神に通じる。

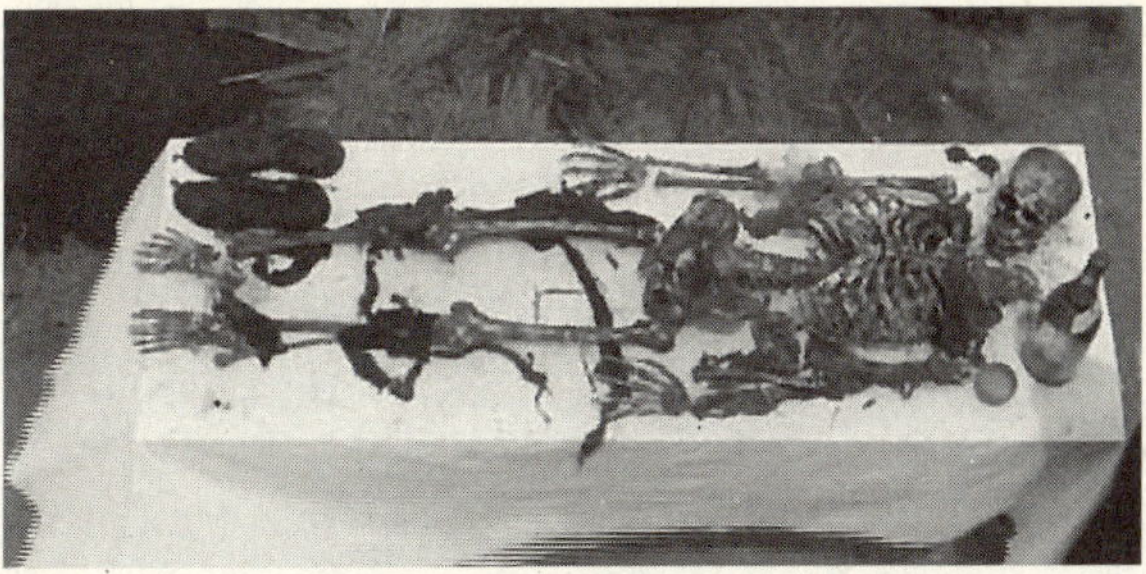

ゾルゲの遺体（日露歴史研究センター提供）

彼にとって転向は敗北であり、命がけで闘ってきた自己を否定することになるから、結局はプライドが許さなかったということだろう。

太平洋戦争は敗戦必至であることは獄中にあっても分かっていた尾崎には、偽装転向して時間を稼ぐ手はあった。高等学校、大学で同期だった判事が密かに勧めたのも、それだろう。だがそんな取引や妥協を一切絶ってしまったその心中は、私のような凡人にはやはり解りにくい。

■ゾルゲと尾崎が眠る墓所

東京郊外の多磨霊園には、歴史に名を刻んだ人たちの墓所が数多くあるが、リヒャルト・ゾルゲと尾崎秀実もここに眠っている。

処刑されたゾルゲの遺体は引き取り手がなく、当初、雑司ケ谷の無縁墓地の一画に埋葬《まいそう》されていた。敗戦後四年が過ぎ、石井花子は墓守と墓堀人夫に依頼して遺骨の発掘を思い立ち、彼女も立ち会った。

遺骨は大柄で太く、とくに茶色に変色した右大腿骨に繋ぎ痕があることで、ゾルゲ本人と確認した。第一次世界大戦で負傷したときの傷であった。

彼女はその骨をいつまでも撫《な》でていたが、「そのとき私は、あの逞しい肉体に抱かれたことを思い出していました」と自叙伝に書いている。

処刑されたときにかけていたロイド眼鏡は彼女が引き取り、遺骨は付着していた衣類の切れ端などと一緒に茶毘《だび》に付され、多磨霊園の現在の区画（17区—1種—21—16）に移された。異国の地で果てたゾルゲの月命日には、この日本女性が生涯にわたって墓参したという。

平成二十一年の命日、ゾルゲ研究会のメンバーたちと共に墓参に行くと、すでにゾルゲの墓には早朝にロシア大使館の手で大きな花輪が飾られていた。

瞑目《めいもく》すると、言語表現の領域を超えた幻想の世界の向こうに、ゾルゲのあの苦《にが》み走《ばし》った顔と薄笑いが見えてきた。一等俳優は幽玄《ゆうげん》の世界にあっても、諜報の舞台を演じているようである。

傍らには、ゾルゲ・尾崎事件犠牲者遺族救援会の手によって、墓碑《ぼひ》が刻まれている。

これが遺族の感情なのだろう。

「戦争に反対し世界平和の為に
　生命を捧げた勇士ここに眠る」

ゾルゲの墓所のすぐ裏手の10区—1種—13側には、尾崎秀実と妻英子の墓がある。

当初は世間にはばかって墓はなかったが、尾崎の死後三年たち、尾崎家が購入した敷

ゾルゲの墓

尾崎秀実の墓

地に、墓は建てられた。「尾崎秀實英子之墓」の碑文を書いたのは、ゾルゲ事件で懲役二年執行猶予三年の刑を受けた西園寺公一であった。

周りより大分広い敷地内には、尾崎が好きだった梅の木がぽつんと植えられているが、墓に入っているのは尾崎夫妻だけで、寂寥感《せきりょうかん》が漂っている。一族はまだ世間に遠慮しているのだろう。

ゾルゲも尾崎も、もう周囲の視線を気にせずに対話できるのでホッとしているはずだが、一体どんな話をしているのか。

戦争の世紀といわれた二十世紀前半を生きた彼らは、その後半の繁栄を見ることはなかったが、近代文明の行き着くところを、思いわずらっていたのかもしれない。

6

三月十日未明の惨劇

東京大空襲の跡を歩く

空襲で被害を受けた浜町、新大橋方面

■無差別爆撃の悲劇

蔵前二丁目にある出版社に寄ってから、久しぶりに「駒形どぜう」の暖簾《のれん》をくぐった。以前は吾妻橋《あづまばし》の袂《たもと》にあるアサヒビールでジョッキを重ねた後、駒形橋に回って、この江戸時代以来の老舗《しにせ》でドジョウを突っつくのがコースだったのだが、この日は昼食を終えると吾妻橋をやり過ごして、言問橋《ことといばし》にやってきた。

橋の上は車が整然と行き交い、両側の歩道には、日傘《ひがさ》を差した婦人たちや、自転車の老人が往き来している。いつも変わらない風景だ。

岸辺の橋の下は、以前は石段になっていたそうだが、今は平坦《へいたん》な通路が橋の下で行き止まりになる。そこには学校を抜け出してきたらしい高校生と思しきカップルが座り込んだまま動かない。男子生徒の方が、女生徒の手の指の爪をせっせと磨いてやっている――。

それにしても薄緑の橋の向こうに聳《そび》えるスカイツリーが眩《まぶ》しい。角度によって様々な見え方をするが、言問橋のあたりで見る姿がもっともいいようである。

そのとき私には、ふと別の感慨《かんがい》が脳裏《のうり》に浮かんできた。この橋の上も私がいる袂のあたりも、東京大空襲では空前の大惨事となった現場だったのだ。空襲で焼けた所はあまりにも多過ぎるが、集中的な大惨事の現場となると、その筆頭が言問橋の上と、橋の両側の袂付近だと知ったのは最近のことである。

東京は昭和十七（一九四二）年四月十八日、ドゥーリトル隊による空襲を受けて以来、たびたび襲われた。この初空襲には、「ドゥーナッシングだ」と強がりを言っていたものの、サイパンが昭和十九年七月七日に陥落すると、いよいよ日本本土への空襲が本格化した。奇《く》しくも七年前の七夕《たなばた》の夕べ、盧溝橋《ろこうきょう》事件《じけん》が勃発《ぼっぱつ》して長い戦争の時代に突入した日であった。

サイパン陥落後の日本本土への空襲は凄まじく、とくに幾度も空襲を受けた東京の戦災焼失地図を見ると、その広がりの大きさに驚くばかりである。

中でも、もっとも人的被害が大きかった昭和二十年三月十日未明の大空襲の足跡は、繁栄の陰にあって今も語りかけてくるものが少なくない。

この未曾有《みぞう》の大空襲を体験した村岡信明という人が謳《うた》った、「黒い塊になったAちゃん」という一片の詩がある。

大空襲の夜が明けると
　黒い灰の塊となっていたAちゃん

風が吹くたびに　小さくなり
次の日きてみたら　もうなかった

みんなが地獄を見たあの日。だがあまりに広範囲に過ぎるので、私は隅田川にかかる橋と、いくつかのスポットに焦点を合わせて歩くことにした。

人は火を避けるとき「水」を連想する。「川向う」や「堀の向こう」に逃げ、いよいよとなったら、たとえ泳げなくても飛び込む習性があるらしい。

橋には延焼物がないから、安全だという心理が作用したとも考えられるが、強風が流れ込む上に人が集中するという、落し穴が待っていた。

しかし実際に避難するには、地勢上、川や堀を渡らなければならない場合も多く、それが大惨事を生む結果につながってしまったのである。

■言問橋今昔

かつての「竹屋の渡し」に替わって登場した言問橋。だがその筆舌《ひつぜつ》に尽《つ》くしがたい悲劇が起きる以前には、良き時代の言問橋物語もあった。

利根川と荒川が合流した水路は、隅田川となって東京湾にそそぐ。大川とも呼ばれた江戸時代、下町には隅田川と結んで縦横に堀が走り、網《あみ》の目のような道路も、深夜になると治安のために木戸《きど》が閉まり、木戸番がいたことでも知られる。

川舟《かわぶね》が往き来し、人の交通手段、物資の流通路となっていた光景は時代劇でお馴染《なじ》みだが、歌川広重《うたがわひろしげ》、葛飾北斎《かつしかほくさい》などの絵画にも華麗《かれい》に、微笑《ほほえ》ましく登場した。

現在の言問橋

それは明治になってもつづいていた。浅草と向島《むこうじま》・本所《ほんじょ》を結ぶ交通の要所となっていた隅田川は、両国の花火、両岸のお花見、縁日の賑わいも大変なものだった。

滝廉太郎《たきれんたろう》作曲の「花」に登場する「春のうららの隅田川……♪」も、見物客を乗せた川舟が行き交う、明治ののどかな光景である。いまJR両国駅裏の江戸近代博物館に保存されている絵画にも、そんな江戸や明治の情緒《じょうちょ》を遺《のこ》している。

そして昭和に入って言問橋となる以前の、竹屋の渡し。昭和十二年に東海林太郎が唄い、戦後島倉千代子がリバイバルで唄った「銀杏《いちょう》がえしに黒《くろ》繻子《じゅす》かけて、泣いて別れた　すみだ川……♪」ではじまる「すみだ川」の一節に、こんな台詞が入る。

ああ　そうだったわねぇ
あなたが二十　あたしが十七の時よ
いつも清元のお稽古から帰ってくると
あなたは竹屋の渡し場で
待って居てくれたわねぇ　そうして
二人の姿が水に映るのをながめながら
ニッコリ笑ってさびしく別れた
ほんとにはかない恋だったわねぇ

この竹屋の渡しは、関東大震災復興計画《かんとうだいしんさいふっこうけいかく》で、昭和三年に幅二十二メートル、長さ二百三十八・七メートルの近代的な橋に生まれ変わった。いまは言問橋の浅草側の袂に隣接する隅田公園の中に「竹屋の渡し跡」の碑文が遺されている。

言問橋からは百メートルほど上流になるが、竹屋の渡しは対岸の三囲《みめぐり》神社の境内《けいだい》近くの渡し場を結んでいた。日が暮れかかると、向島・本所界隈から浅草側に渡り、そのまま吉原通いとあいなる御仁《ごじん》で、賑わっていたそうである。

完成直後の言問橋を、川端康成《かわばたやすなり》は小説『浅草紅團《あさくさくれないだん》』に書いている。

「言問橋はゆるやかな弧線に膨らんでいるが、隅田川の新しい六大橋のうちで、清洲橋が曲線の美しさとすれば、言問橋は直線の美しさなのだ。清洲は女、言問は男だ」。

そして本所方面の「サッポロビイル會社、大島ガスタンク、錦糸堀驛」に目をやってから、橋桁《はしげた》につながれたダルマ船の光景を、こう描く。

竹屋の渡し跡

「艫《とも》の七輪に飯の湯気が立っている。手拭をかぶった娘が櫃《ひつ》を抱いて、舷《ふなばた》を渡ってくる。舳先《へさき》には艫を斜めにして赤い洗濯物が干してある。隣の船は石油ランプの下で、さんまを焼いてゐる。屋根には味噌漉《みそこし》、薪、バケツなどの亂れてゐる」

川端は言問橋周辺の近代と前近

代の光景を、作家の鋭い感覚を抑え、ゆったりとした目線で見つめている。
それから月日が流れ、昭和二十年の三月十日未明、ここが大惨事の現場になってしまうとは。あらためて知る、人間の業《ごう》の愚かさと恐ろしさである。

■焼夷弾の雨

三月九日は朝から北西の風が強く、日が暮れても突風《とっぷう》のような風は収まる気配がなかった。俗《ぞく》にいう春一番《はるいちばん》である。

日付が変われば陸軍記念日であるから、今夜はきっと大がかりな空襲があるに違いない。多くの東京市民はそう考えて、いつでも逃げだせるように、防空頭巾《ぼうくうずきん》と鉄兜《てつかぶと》、靴、リュックを枕元に置き、男はゲートル巻、女はモンペ姿のまま早めに床についた。

そして十時半。それまで音楽を流していたラジオが突然中断され、ブザーが流れて、「東部軍管区情報。南方海上より敵らしき数目標、本土に接近しつつあり」。

だがまもなく、「目標は房総半島南方海上を旋回後、洋上はるかに遁走」が放送されて、警戒警報は解除となった。

放送したのは麹町区代官町の竹橋にあった東部軍司令部。担当したのは一九六〇年代、テレビ・ニュースの顔として人気があった、ＮＨＫの今福祝《いまふくはじめ》アナウンサーである。

ところが米側の資料によれば、このときの先遣部隊はいったん房総沖に退避し、そこから後続の本隊に電波を発信して、誘導していたのだそうだ。

そして日付が変わった十日の零時八分になって、突如B29が二千メートルの低空から侵入して、深川区の三好町につづいて門前仲町さらに周囲一帯に焼夷弾《しょういだん》の雨を降らせはじめた。以後も続々と白鯨《はくげい》の群れが飛来して、下町一帯に波状攻撃《はじょうこうげき》を繰り返す。

ようやくブザー二回のあと、今福が今度はやや上ずった声で、「関東地区、関東地区、空襲警報発令。東部軍司令部より関東地区に空襲警報が発令されました」を伝えたのは、零時十五分になってからである。

以下、その大惨事の模様は、自らもこの日の空襲で家族、同居人を全員亡くした、画家の狩野光男《かのうてるお》の話である。当時十四歳で中学二年生の狩野は、浅草区千束町三丁目（現台東区浅草五丁目）で被災した。先祖は江戸狩野派表絵師築地小田原町・狩野家の狩野梅雪である。

「当時、わが家は両親と長男の私、二人の妹と五人暮らしで、ほかに遠縁の若い女性と女中さんが同居していました。

あの夜、眼が覚めたらもう焼夷弾が降っていまして、そのあとから空襲警報が鳴ったんです。その前に警報が出て解除になった直後のことで、天皇陛下がお休みになったばかりだったから、また陛下を起こすのを躊躇して警報が遅れた、という話を聞いております。

私たちは避難場所に指定されていた浅草側の隅田公園に逃げました。普段は高射砲陣地で入れないところです。ところが隅田公園も火炎に包まれていて、すでに大勢の人が亡くなっていました。

言問橋の上は、浅草と向島側から逃げてくる大群衆が橋の上でぶつかって、身動きができなくなっていました。そこへ火の粉がどんどん飛んできますから布団や荷物に火がつくと、その火が体について、人も荷物も燃え上ってゆきました。もう橋の上は大火災です。

低空で乱舞する白鯨の群れは、赤い炎を映して、赤鬼のような形相でした。橋の上の人たちは下を見ると満々たる隅田川ですから、はじめは躊躇して飛び込めない。そのうちに火炎に追われて飛び込みだしたのですが、先に飛び込んだ人が沈むと、さらにその上に人が乗っかって何重にもなるんです。

でも助かったのはごく少なかったですね。あとで私はその人たちから話を聞きましたが、まわりにはとにかく大勢の人の顔、顔だったそうです。

言問橋を渡れなかった私は家族とはぐれて、橋の袂の左側の、階段のところにいたのですが、そこからも川の中には人が大勢いるのが見えました。

　この時間帯は引き潮で、浅いところでは人の腰の上ほどだったから、岸辺の人たちは火に追われて川に逃れて、ごった返していたんです。

　しかし火は川面をなめていくんですね。川の中にいる人の顔を焼いていくんです。」

　だが二月の末に大雪が降り、東京でもまだ岸辺に雪が残っていたほどだから、このとき水温は五度しかなかった。この水温では人間が耐えられる限界は五分といわれているから、凍死、ショック死、そして火が川面を渡ったことによる焼死だったとされる。

　実際、引き上げられた遺体の多くは、顔にやけどを負っていても、水面下の体に異常がなかった事実が物語っていた。狩野は言う。

「私は橋の袂でじっとしていたのですが、背後の広場は火の海になっていましたから、逃げ惑う人の下敷きになって息もできないほどでした。とにかく酸素が吸いたかったですね。

　結局、私は顔と足には酷い火傷を負っていましたが、あの中で助かったのは私一人でした。見ると川も橋の上も、累々たる死体ばかり。

　翌日、陸軍自動車学校や工兵隊のトラックが来て、橋の上の死体を運び入れていましたが、バラバラになった腕や足はスコップですくっていましたね。まるでゴミのように」

現在の言問橋の欄干《らんかん》や縁石《えんせき》は、新しく取り換《か》えられているが、欄干の要所の礎は当時のままである。色が黒く変色している石が多いのは、みんな人の脂だそうだ。

言問橋上の遺体は五千ということになっているが、川に飛び込んだり、何とか渡り終えてから死んだ人まで加えると、一万人を超すといわれる。簡単に五千、一万といっても、それぞれ愛する家庭、掛け替えのない人生の物語と夢があった人たちである。

言問橋の向島・本所側（現墨田区）の遺体は、本所側の隅田公園になっている水戸藩邸屋敷跡の池周辺に仮埋葬され、その数は『東京大空襲・戦災誌』（一九七三年）によると六、三七四体。一方浅草側（現台東区）の遺体は、言問橋の袂の隅田公園の一角に仮埋葬されたが、週刊読売の「調査記録」（一九七五）では一、一五五体となっている。

狭い公園の一角に数メートルの深さに掘られた穴への仮埋葬であるから、狩野によれば、「まるで、たくわんを漬けるみたいでした」。

中には探し当てた肉親の遺体を、たくわん漬けにされるのを避けようとしたらしく、異様な光景を狩野は目撃する。

「私が家族を探しに山の手線に乗ったときのことです。当時山の手線だけ動いていましたが、日暮里あたりから乗ってきた方がおりまして、その人がコモに死体をくるんで、へこ帯で背負って来たんですね。いくら戦争中とはいえ死体を背負って電車に乗るとはとびっくりしましたが、この遺体を路上に放置しますと、さっきのトラックが来て持っていってしまうんです。

ですからその方は多分娘さんだと思うんですが、その遺体を背負って自分の家まで持っていって荼毘《だび》にふそうと思っていたんだと思います。乗客たちも驚いていましたが、やがてそれを察して、両手を合わせて拝んでいる方もおられました」

戦後、三年たってから、仮埋葬してあった遺体は掘り起こされて荼毘にふし、両国駅裏の東京都慰霊堂に納骨されたが、その数十万五千。海に流されていった数を含めれば、その数はさらに数万は増すといわれる。

まもなく狩野光男は八十四歳になる。訪ねたお宅で、自らが描いた火炎と逃げ惑う人々、死体が折り重なる地獄の絵図を広げながら、物静かに語りつづけた。だがその口調と視線には、修羅場をくぐってきた人ならではの重さがあり、聞き入る私は圧倒されてしまった。

■永代橋で見たもの

評論家・松浦総三は、翌朝焼け跡を目撃した光景をこう書いている。

「永代橋までくると、隅田川は死人の川だった。無数の死体や半焼けのタンス、フトン、一升ビン、馬の死体、下駄箱などが川面をうめて、ゆるやかに流れていた。男の死体はうつ伏で、女の死体は仰向けで流れていた。

永代橋を渡って驚いた。一面焼野原である。いたるところに炭化した焼死体や、煙にまかれ窒息（一酸化炭素中毒死）したのか、着物もそのままの死体があった。

死体にはいろいろな表情があった。とても死にきれず、目をカッと開き、中空を睨みつけた憤死型。うつぶせ、横かがみ、仰向けがほとんどであった。

女性の死体には、無惨なものが多かった。着物が焼け裸で死んでいたが、股間から嬰児が半分ばかり顔を出しているのがあった。おそらく、空襲のショックで産気づいて、逃げることもできず焼死したのであろう。

この世に生をうけた瞬間、炎にみまわれた嬰児には、生の叫び声をあげる権利も与えられなかったのだ」

この体験を書いた松浦総三（当時三十一）は、当時改造社の編集員で、明治神宮に近い代々木に住んでいた。徴用で日本橋区佃島（現中央区佃）にあった石川島造船に

現在の永代橋

勤務していたが、空襲を知ると三月十日早朝に家を出た。

代々木から四谷まで蒸気機関車のＤ51に乗り、そこから職場まで歩いて行く途中、永代橋まで来てこの惨状を目撃したのである。

戦後は「東京大空襲を記録する会」の事務局長を務め、被災者の聞き取りをつづけた。広島、長崎に匹敵するほど犠牲者が多い東京大空襲が、メディアに登場するのが少なすぎると、九十六歳で没するまで主張しつづけた、気骨溢れるジャーナリストであった。

私は永代橋をよく通ったが、歩いて渡ったのは初めてだった。

最近門前仲町《もんぜんなかちょう》の方から歩いてみたのだが、広くて長く、おまけに周囲は金属だらけだから、なるほど航《こう》空母艦《くうぼかん》の甲板《かんぱん》のようである。

川上にはスカイツリーが眩《まぶ》しく、川下の日本橋、銀座側と品川周辺のピカピカ光るガラス質のビルが林立している。

川面を眺めていると、私が若い頃のように、濁《にご》った水が悪臭を放っていることもなく、青い海の色に近くなった。ましてやここが、水死体や生活用具が川面を埋め尽くしていたことなど想像もつかない。やっぱりあれは神の悪戯《いたずら》か地獄の使者サタンの仕業。東京市民には悪夢の実体験だったのだ。

外国人は、「日本の都市は灰燼《かいじん》に帰したお陰で、その上に近代文明を築くことができた」と言うそうだ。あるいはそうかもしれない。だがこの姿になるまで、日本人はひたすら英知と努力を積み重ねてきたわけである。それは日本人の特質を見直す機会でもあるから、いつも見慣れた光景を、苦難の時点から見直す試みも悪くはないと思われたのである。

■石川光陽の見た現場

警視庁専属カメラマン石川光陽《いしかわこうよう》は、警視庁警務課長の原文兵衛《はらぶんべえ》（のちに警視総監、国会議員。鈴木内閣閣僚）から、「絶対生きて帰ってきてくれ」、と励《はげ》まされてライカを下げ、ヘルメットをかぶってオートバイに飛び乗り、燃え盛る現場へ飛び出して行った。

「浅草橋の交叉点までくると、前方は炎々とした大火災が渦を巻いて凄絶そのもの、そして両国橋をこちらへ避難者が怒濤のように流れてくる。それを整理、誘導する警察官のカン高い声、泣き叫ぶ婦女子や消防団員らの叫び声など、その混雑の有様は筆舌につくせない。

周囲は猛火の壁に囲まれて煙と熱風は容赦なく吹きつけ、眼も開いておられない。空を仰げば醜敵Ｂ29は巨大な真っ白い胴体に真紅の炎を反射させ、低空で乱舞している。そしてこれでもかといわんばかりに、焼夷弾の雨を無数投下している。

空にはまだ黒煙の間を執拗に、Ｂ29が手の屈きそうな低空で嘲笑するかのように悠々と飛んでいる。」

通常は八千メートル上空から投弾《とうだん》するのに、このときは千メートル以下まで低空で飛び、中には、「白鯨の群れが屋根の上すれすれに飛び交っているように見えた」という証言もある。極限の恐怖の中での捉え方はまちまちにしても、高射砲で落とされたＢ29もあることから、かなり低空まで下りてきたことは事実だろう。

そして夜が明けた東京の悲惨な光景に、石川はあらためて息をのむ。

「それからどのくらいどこをどうはい回ったかわからないが、いつの間にか敵機の姿はなく、東の空がうす明るくなってきた。

今まで気がつかなかったが、周囲にも何人かの人が生き残っていた。その人たちの姿を見て私はとめどなく涙が出て仕方なかった。悲しかったのではない。見知らぬ人々だが、よくぞあの猛火をくぐって生きていてくれたと思うとうれしかったのだ。

顔は真っ黒にくすぶり、まゆ毛や頭髪は焼け、衣服は焼け焦げだらけで、手首は火傷で赤黒くはれ上がっていて痛々しい。

電車通りには至る所に電線がクモの巣のように垂れ下がっていて、電車は焼けて骨だけになり、鉄の大きな鳥籠《とりかご》ようになっていた。

私は重い足をひきずるようにして菊川、森下町、駒形と歩き、見えない眼を無理に開けて、路面に倒れている焼死体、母子の死体、炭化《たんか》した焼死体の山にシャッターを切った。

泥にまみれたライカを、ばんこくの恨みをのんで死んでいた多くの遺体に向けることは、眼に見えない霊から、『こんなみじめな姿を撮ってくれるな』と叱責されるような気がしてその手は震え、シャッターボタンを押す手はにぶった。

しかし私に与えられた使命を果たすためには、命ある限り撮りつづけなければならないのだ。使命の前には非情にならざるを得なかった。頭を下げて写し、終ると合掌して立ち去った」

このとき石川光陽は四十一歳。若い頃は父親が営んでいた写真館の助手をしていたが、兵役を終えると警視庁に入り、事件現場の写真を撮ることになる。

空襲下の東京では、ドゥーリトル隊の爆撃にはじまって三月十日の大空襲、さらにその前後の被災現場を撮りつづけた。

警視総監から直々の命で記録写真を撮っていたのだが、自らも火炎に追われ、火の粉《こ》と黒煙《こくえん》を浴びながら、情を殺して人間のありのままの姿を記録した。レンズを通したその冷静な視線の説得力には驚くばかりだが、石川も人の子。その一枚一枚の写真には、自身の祈りが込められているように見える。

中でも墨田区本所付近で目撃した親子の焼死体の生々しさは、映像表現の域を超えている。黒焦げのマネキンのようになって、うつ伏せに倒れている母親の背中には、直前まで背負っていた赤ん坊の形がそっくり白く残り、傍《かたわら》では負われたままの姿勢で炭になった赤ん坊が仰向けに転がっている。

母親は左足を蹴り上げているから、最後の瞬間まで、一歩でも先に進もうとしていたのだ。その母性の凄《すご》さには、石川ならずとも合掌せずにはいられなくなる。

■菊川橋の惨劇

東京の下町は、隅田川と結ぶ掘割《ほりわ》りに架かる橋の多いことで知られているが、大横川に架かる菊川橋もその一つ。橋の欄干が低いなんの変哲もない橋だから、車で通れば、うっかりすると気がつかずに通り過ぎてしまう。

それでも岸辺の両側は桜並木がつづき、大きな枝葉《しよう》が川面《かわも》に覆《おお》いかぶさって、「春のお花見どきは、それは見事なもんです」と地元の人は言う。

だがそれは今に始まったわけではなく、江戸時代からこのあたりの両岸は桜の名所であったそうだ。そもそも大横川は江戸時代、埋立地に作られた掘割りで、大川（隅田川）に沿って北から南に流れながら竪川《たてかわ》、小名木川《おなぎがわ》、仙台堀川と交差し、木場付近で西に流路を変えて大川に注いでいた。

その菊川橋は、都営新宿線「菊川駅《きくかわ》」で降りると、目の前の新大橋通を東の住吉方向に向かって二百メートルほど行った所にある。

総武線錦糸町駅前からでは、両国方面に五百メートル行ったところで大横川に出る。そこを左折して川沿いに五百メートル行くと、右手にあるのが菊川小学校。空襲当日、ここに避難した人はほとんど全滅したといわれるが、さらに川に沿って三百メートル行くと菊川橋に着く。

あの三月十日の東京大空襲では、言問橋についで犠牲者を多くだした菊川橋は、欄干の高さが一メートルほどしかない青い橋で、幅二十メートル、長さは四十メートルほどだ。

三月九日深夜から十日の未明、ここはあたり一面紅蓮《ぐれん》の炎に囲まれ、地獄の修羅場《しゅらば》となる。遠目《とおめ》にはここ深川一帯に、天を衝《つ》くような三本の真っ赤な火柱が立ったという証言が少なくない。

実際、火は高温になると急上昇し、まわりから補完するように低温の空気が流れ込む。さらに朝から吹き荒れた春一番が加わって、足早に延焼《えんしょう》していったとみられる。その下で住民たちは逃げ惑っていたのだ。

体験者の証言も、目撃した石川光陽の写真もリアルだが、猛火の中を生き延びた人たちが描いた画集には、それとは別の生々しさがある。

現在の菊川橋

「すみだ郷土文化資料館」を訪ねた折り手に入れた、同館刊行の『あの日を忘れない』という、アマチュアの絵画百二十一点を集めた一冊の画集。その一点一点に描かれた逃げ惑う人々の断末魔の表情、死者の無言の叫びは、見る側の視線を意識していない、原石のようなピュアな感性に圧倒されてしまう。と同時に、彼らのその後にどんな人生が待っていたのだろうか、と思わずにはいられないのだ。

画集に収められた作者の一人、栗原三雄（当時十四歳）の、「菊川橋の惨劇」「夜明けの菊川橋」という二点の作品のキャプションにこう書かれている。

「当時は本所区菊川三丁目に両親、姉と住んでいた。空襲が始まると四人で自宅を飛び出したが、私だけがはぐれてしまった。自宅東側に流れる大横川の菊川橋にたどり着いた。周囲すべてが火の海のなか、群衆が川の両岸から殺到し、身動きがとれなくなった。私は橋脚の狭い土台に降りた。

そのうち熱さに耐えきれず、絶叫しながら大勢の人が川に飛び込んできた。私の着ている服も燃えてきたので、そのまま川に飛び込んだ。泳いでいると幸いにも材木が浮いていたので、それになんとかすがりついた」

「大横川で材木にすがりついて炎の夜を過ごした明け方、煙が霧のようにたちこめ、まわりには水死体が多数浮いていた。その三日後、川べりに何百人もの遺体が並べられ、そのなかに空襲ではぐれた両親と姉がいた。道端でトタンの切れ端を拾い、三人の遺髪を切った。」

三冊からなる「東京大空しゅうと菊川小」という体験者の文集を、一冊の書籍にまとめた『子供たちに伝える東京大空襲』（ドメス出版）の中にも、大勢の体験談が綴られている。

福島朋久（大学生）はこう語る。

「私は当時歯科の先生になるために大学に行っていました。ちょうど床に入ったとき、アメリカの飛行機が来たという警報がありました。

すぐに母と千葉の東金に疎開していて三月一日に帰って来た弟、それから妹、別の弟の四人は、身仕度をすると近くの一番安全な菊川小学校へと急いで出かけました。六年生の弟には、私の凹んで特徴のある鉄カブトをかぶせて行かせました。

空襲警報が鳴っても、家にはだれかが残っていなければならないきまりがありました。

私はすぐに物干場に上がり空襲の様子を見ていました。もう江東区（当時は深川区）の方へ焼実弾がどんどん落とされ、火の手が上がっています。そのうちに火は両国の方からも、緑町の方からも迫ってきました。

もう家もあぶない。あわてて家に入り、いつも避難用に用意しておいた大きな荷物を背負い、東の方が一番火の手が少ないと思われたので猿江恩賜公園へ向って逃げて行きました。

母や弟や妹のことも心配でしたが、それよりも逃げなければならないと必死に走りました。大勢の人たちも子供の手をひいたり、荷物を背負ったりして菊川橋を渡っています。菊川橋を渡るとき、あの通りに火の手は上っていませんでした。

都電が走っていた住吉一丁目の停留所あたりまで行くと、住吉一丁目も二丁目ももうもうたる煙と火が一瞬の間に広がり、前の人たちが「あぶない！前へ進めない！だめだ！」と叫びながら菊川橋の方へ引き返します。息もできないほどでした。

恩賜公園に着くと、公園の中は人、人、人で入る余地もありません。道路のわきに腰をおろし、荷物をわきの下に入れてうずくまりました。そして、まんじりともせずに火の勢いのおさまるのを待ちました。」

翌朝、福島朋久は菊川町の家に帰っていったが、そこで目撃した光景をこう語る。

「菊川橋近くになると道路が見えなくなるほど死体でいっぱいになっているのです。焼けて男か女かわからないのもあれば、まるで生きていて眠っているようなものまでさまざまでした。

とくに菊川橋の上はひどかったです。死んだ人のわきなんか通れないですよ。悪いと思いながら、ふみつけて渡りました。今になっても、その時にふみつけた死体の感覚が、足の底から、伝わってくるときがあります。

家へ帰ってみると家は焼け落ちて、瓦礫の山になっています。父は帰って来ましたが、母たち四人は帰って来ないのです。心配になって菊川小学校へ行ってみました。学校は煙ですすけていましたが校舎は立っていました。しかし講堂を見ると死体の山です。

死体の顔形は、ほとんど見分けがつかないほど焼けこげたものが多かったので、母はいないか、弟はいないか、妹はいないかと（死体を）掘り起こしてはさがしました。しかしとうとう見つけることができませんでした。しかたなくとぼとぼと家の焼け跡へ帰りました」

当時、菊川小学校では三年生以上が千葉県に学童疎開していた。しかし六年生は中学校、女学校の入学試験があるので、三月十日に帰ることになっていた。それが兵員輸送のやりくりで帰京が急に早まり、三月一日になったことが犠牲者を多く出す結果になった。

百五十人帰っていた菊川小学校六年生のうち、八割がこの空襲で亡くなり、福島朋久の弟も、その中の一人になった。

■猛火の中を彷徨う子供たち

菊川橋の辺りは、銀色の恐ろしいB29のゴーゴー、ウォーンウォーンという凄まじい轟音の下で、悪魔のような炎が渦を巻いていた。

その下を逃げ惑う親にはぐれた子供、家の戸締りをしている親たちにせかされ、一足先に飛び出した子供たち。辛くも生き延びることができた者は数少ないが、一様に「防空頭巾で顔を覆っていても、火の粉で目をほとんど開けられませんでした」と証言する。

学童疎開先の千葉・東金から三月一日に菊川に帰っていた生徒の一人、菊川国民学校六年生北原悦子（旧姓丸山）は、後に文集にこう綴っている。

「九死に一生を得た友は何人いたでしょうか。（中略）父や母はリヤカーに荷物を積み、私たちは異常を感じてまつわりつく犬を置いて逃げたのです。

強風にあおられ、吹き飛ばされないようみんなリヤカーにつかまり、電車通り（新大橋通り）を住吉町に向かって逃げました。もうその頃道路の両側は火の手が上がり、もうここで荷物を全部捨て、身一つになって菊川橋に向かいました。

そのとき、クラス一番背が高く、体重があった私が、火風に木の葉のように飛ばされ、ころころと転がったのです。父も母も同じように吹き飛ばされ、これで家族全員が死ぬかと覚悟したそうです。それでもなんとか菊川橋を渡り、恩賜公園の橋の上までたどり着きました。辺り一面火の海でとても進めなくなり、橋の上で身を伏せながら朝になるのを待ちました。私はこのとき初めて、お寺生まれの母が念仏を唱えるのを聞きました」

大勢が避難したこの猿江恩賜公園《さるえおんしこうえん》は、錦糸町駅前の四ツ目通りを南に下がり、菊川、住吉方面から来る新大橋通りと交差する手前の左手にある。現在は野球場、陸上競技場、テニスコートなどのほかに広々とした芝生が広がり、春は桜の名所になる。

江戸時代は幕府の貯木場《ちょぼくじょう》で、その後一九二四年（大正十三年）、皇太子裕仁親王（昭和天皇）の御成婚を記念して東京市に下賜され、八年後に公園として開園して、恩賜公園の名がついた。

そして三月十日。空襲が止み、静寂《せいじゃく》の時間が流れて夜が明けかかると、公園の辺りに立ち込めた白い霧の中に独りぽつんと佇んでいる子供がいた。

空襲の後の死の世界の静寂と、言い知れない寂寥感《せきりょうかん》を、今もはっきり覚えている人たちもいることを、子供たちの文集は伝えている。

そして霧が薄くなるにつれ、閉ざされた外界との壁も薄れて、はぐれた弟や妹と再会した子供たちもいた。

そんななかで、家族といっしょに家路《いえじ》につくことができた前出北原悦子の場合は、幸運の一語につきるだろう。

だが帰路、菊川橋の付近では地獄の光景を見ることになった。途中来るときは通れた菊川橋が、死人の山で通れなくなっていたからである。

猛火に追われ、橋の両側から来た群衆が倒れた後に、また後続の避難民が倒れて起きた現象に違いない。

菊川橋の下を流れる大横川の両側には、当時は材木問屋が密集していたから、この界隈はとくに火の回りが早かったのである

菊川橋の川べりには死体がずらっと並べられていたが、川面を埋め尽くした死体はほとんど動く気配はなかったという。猛火に追われた人々がわれ先に飛び込んだ結果であった。

辛くも生き延びた前出の詩人で画家村岡信明の詩に、こんな一片がある。

引き裂かれた生命　死神の抱擁

恐ろしい速さで炎が地を走る
黒い影が倒れ
またひとり　炎に呑み込まれていった

菊川町界隈の惨劇を目撃した消防団員によると、もともと火事は燃え移るとき、まわりの木や荷物が一定の温度以上になると、いっせいにボッと火がつくという。

「当時の女性は髪の毛が長かったので、校庭に立っていたり、腰かけている人を見ていると、パッと髪の毛が広がって逆立っていくんです」

実際、戦災場面を描いた絵画でも、女性の髪が逆立って、燃えている光景が描かれているものがある。

反対に、生き残った人たちが助かった理由として、燃えにくいものを身に着けていたこと、荷物を持たなかったことを挙げている。

言問橋の例にもあるように、とくに布団を持っている場合は、すぐに火が付いてしまった。火事場の馬鹿力を発揮するのは、リスクを背負うことのようである。

■再びの菊川橋

作家有馬頼義が編集した『東京大空襲19人の証言』(講談社)には、弟の一周忌に現場を再訪した豊田正子の一文「さえぎられたひかり」が収められている。

「とうとう菊川橋についた。あの夜、猛火の真ん中につつまれたこのあたりは、何もかも溶けてしまったのかとおもわれるほど何にものこっていなかった。橋のたもとには三メートル四方に盛土して「南無妙法蓮華経」と太筆にかかれた二〇センチ角の柱が立っている。

しかし私たちは供養塔よりも先に、まっすぐ橋に向かっていった。掘割り程度の川にかかった菊川橋は、手すりの低い橋だった。橋にはたくさんの供養に訪れた人々が手すりの橋の上に、線香や花を供えて手を合わせている。」

このとき一人の消防団員が、

「まだまだ、この辺の骨なんか、ちっとも片づいちゃいませんよ。そこいらのドブでもちょっと掘れば、みかん箱いっぱいや二はいの骨はすぐ集まります。」

と言った。

終戦から三年後の昭和二十三年、菊川公園に仮埋葬されていた四、五一五の遺体が掘り起こされ、その場で荼毘にふされた。

近所に住む人は、「あたり一面異臭が漂い、家にいられなくなって逃げ出しました」と語る。

■菊川小学校の二宮金次郎

菊川公園は、同じ惨劇の現場となった菊川小学校のグランドと隣接している。双方の境にネットが張ってあるが、何箇所かが通り抜けられるから、生徒たちにはグランドのつづきみたいなものである。

この公園のベンチで子供連れの三人の若い母親が話し込んでいた。みんな近所に住む人たちだったが、公園と小学校の惨劇に話を向けると、三人とも「エッ、そうだったんですか」と驚いた表情になった。

野暮な話をしてしまったことを、私は少し後悔した。それでも菊川小学校の校長先生の、「生徒たちには折に触れ話しています」という言葉を聞いて納得がいった。

校長先生は、昇降口の傍《かたわ》らに立つ二宮金次郎《にのみやきんじろう》の石像の話もしてくれた。

「あれは戦火をくぐった像なんです。銅製だったら溶けたり、その前に鉄砲玉になっていたでしょうが、石像だったお陰で助かりました。生徒たちにもこの二宮金次郎の像にまつわる話をすることがあります」

「親の手を助け、弟を世話し、兄弟仲よく孝行つくし、手本は二宮金次郎」と小学唱歌に歌われた二宮金次郎。時代を後押したこの人の銅像や石像は、日本中の小学校に建っていたものである。

だが戦争が激しくなると、唱歌の方は校庭にこだましていたものの、金次郎の銅像は、神社の鐘とともに姿を消し、鉄砲玉になって戦場に送られてしまった。

それはともかく、二宮金次郎にみえる「勤勉」「孝行」は、「人は若いときにどうあるべきか」の時代の問いに応えた教科書だったが、クラーク先生の「ボーイズ　ビーアンビシャス」と共に、戦後はすっかり肩身が狭くなってしまった。日本の浮沈とかかわったから、というのが理由らしいのだが、今また二宮金次郎は見直されて復権してきたらしい。

「勤勉」「孝行」は、時代の変遷《へんせん》とは関係のない普遍的価値なのだから、校庭の片隅にしっかりと立っているのがいい。とくに菊川小学校の金次郎は、紅蓮の炎の中にあっても、阿修羅のごとく生きていたという付加価値が付いている。多くの犠牲者を出した菊川小学校であるから、「生きる尊さ」の手本としても、生徒たちのチアリーダーに相応しい。

■深川門前仲町

深川区門前仲町《もんぜんなかちょう》は、戦後は江東区門前仲町になった。地下鉄大江戸線と東西線「門前仲町」の周辺一帯で、地元の人たちは、少々気取って「もんなか」という。界隈《かいわい》は昔から成田山新勝寺《なりたさんしんしょうじ》の別院深川不動尊《べついんふかがわふどうそん》や富岡八幡宮《とみおかはちまんぐう》、永代寺の門前町とし

菊川公園と菊川小学校

菊川小学校の二宮尊徳像

てつと知られていた。

永代通りと清澄通りは、由緒《ゆいしょ》ある神社仏閣はじめ、伊能忠敬《いのうただたか》、滝沢馬琴《たきざわばきん》、平賀源内《ひらがげんない》など、文人や学者ゆかりの地でもある。江戸時代から栄えてきた下町のもう一つの顔で、江戸情緒と現代が出会う街である。

三月十日の大空襲ではこの深川一帯が真っ先に火の手が上がった。二・二六事件で斎藤實《さいとうまこと》邸の襲撃を目撃した作家の卵有馬頼義（当時二十七）は、深川木場の友人宅で結婚祝いの酒を飲み、勧められるままに泊まったため、空襲に遭遇する。

《目が覚めたとき、外は火の海。わたしは走った。暗い空はもうなかった。ふいに川べりに出た。炎が隅田川を向う岸に渡った。水は火を消すものでない。水は火を渡した。酸素がない、どこかにあるだろう。だから走った。

黒い群衆。赤ん坊の背中に火がついているのを見た。

わたしは助けたかもしれない。見殺しにしたかもしれない。よく覚えていない。

空気が肺に入ったのは、東の空が明るくなってから。気がついたら白髭橋のたもとにいた。わたしはそのときから、背中に十字架を背負った。》

東京オリンピックを控え、高度経済成長期に入った東京では、地下鉄の路線が急速に伸びたが、下町の工事現場のいたる所から、人骨が出てきた。

昭和四十二年（一九六七）六月十一日、門前仲町の東西線工事現場で、作業員たちが歩道の改修のために掘り返していたところ、深さ一・五メートルほどの防空壕の跡らしいものに掘り当たる。

奥には寄り添うようにした遺体が六体あり、四体が大人、二体は子供であった。中の一体は、「牧野はな」「牧野とみ」の名を記した二つの位牌《いはい》を後生大事に抱えていたことから、その後、家族が特定された。

申し出た都築静雄《つづきしずお》（被災当時三十八）によれば、当時深川区永代二丁目（現江東区永代二丁目）にあった妻の実家の満月旅館に、七人で住んでいた。都築と妻（三十五）、四歳になる長女の三人、妻の母親川島きみよ、そして親戚の三人である。

空襲になり、全員で永代橋方向ではなく、近くの臨界国民学校に避難する途中、川島きみよが忘れものをしたと言いだす。都築が家に取りに引き返し、家族と別れたところに戻ってみると、誰もいなかった。

都築は臨海国民学校の方に行こうとしたが、焼夷弾《しょういだん》の雨で電車通りが渡れない。風速は三十メートルぐらいで、北の永代橋方面は火の海、南の方にも火の手が上がっていた。

このとき、都築は家族が避難しているはずの臨海国民学校からも、ドッと火が噴《ふ》いているのを目撃した。江東区門前仲町一丁目にある、現在の江東区立臨海小学校がそれである。

都築は仕方なく門前仲町から佃島《つくだじま》方面に逃げようと、相生橋《あいおいばし》の手前の防空壕でしばらくやり過ごした。そこは東京高等商船学校（後の東京商船大学、現東京海洋大学）のあたりである。

隣接する水産講習所（後の東京水産大学、現東京海洋大学）は一部が被弾《ひだん》して焼失したが、高等商船は無事だったのである。夜が白みだし、臨海国民学校に行ってみると、何千という死人の山だった。

都築は長姉がいる向島へとぼとぼと向かった。駒形《こまがた》橋、吾妻《あづま》橋、そして言問《こととい》橋。「何万という死体が転がり、まるで地獄絵でした」。都築は聞き取りした松浦総三にそう語っている。

■上げ潮のたびに漂着する遺体

私が学生時代の教官だった井上清・東京海洋大学名誉教授は、三月十日の大空襲から三週間が過ぎた四月初旬、深川区（現江東区）越中島《えっちゅうじま》の水産講習所に入学した。ここは門前仲町のすぐ南に隣接する地区である。といっても授業は、隣の高等商船学校の校舎で受けた。

「当時は周辺の道路脇にまだ焼死体が片づけられないまま残っていました。飴のように曲がった水道管から水が噴き出ていたり。

学校がある越中島は隅田川の河口ですから、上げ潮のたびにポンド（艇庫を兼ねた専用桟橋）に死体が二十体ぐらい入り込んでくるんですよ。男はうつ伏せ、女は仰向けに浮いていると聞いていたんですが、横向きもけっこうありましたね。

引き潮になると、アサリが採れる浜が近くにあって、バケツに山ほど採れましたよ。みんな腹空かしていたから、気持ちが悪いなんて言っていられなくて、寮に持ち帰って煮て食っちゃいました。

早朝にカッターを漕いで東京湾に出ていくと、オールが何度も死体にぶつかりまして。

それから夏になると、今度は水面近くに夜光虫がびっしり発生して青く光るんです。あれは死者の霊が彷徨っているんだなんて、みんな言っていましたね」

井上教授は当時をそう振り返る。

今、カッターやランチが係留《けいりゅう》された同じポンドには、東京海洋大学の男子学生や女子学生が、笑顔でカッターの垢くみにいそしんでいる光景が微笑ましい。

私は彼らと話してみたい気になったのだが、重い話をするのはためらわれた。そんな話はむしろ知らない方がいいのでは、と思えたのである。

あの東京大空襲を、自分の戦争体験の目線から見ていた人間の中に、吉田満がいた。東大在学中に学徒出陣し、特攻出撃した戦艦大和から辛くも生還した人である。

吉田は救助された直後、休暇をもらって東京に帰ったとき、異様な体験をする。三月十日の大空襲の一ヵ月後だったが、深川方面に住んでいた友人たちを訪ねてみると、彼らの多くが死んでいることを知ったのである。

「われわれのような華々しい特攻の体験は、死の体験としてはむしろはっきりしているだけに、受け入れやすいんじゃないか。しかしあの空襲の中で逃げ惑って、つまりあらゆる選択の余地があって、いろいろな可能性を判断しながら、しかも回りには親兄弟がいて。そういうことを考えますとね、とても自分の経験などは誇りにしちゃいかん、という気持ちになりました」

吉田はそう語っている。

これらはあの大空襲の体験者や目撃者、空襲直後の光景と出会った人間たちの生の声だが、物言わぬ生き証人の例もある。

■身代わりになった銀杏の木

スカイツリーを頭上に見上げる地下鉄浅草線押上駅から、東武線の線路を横切って右に折れたすぐの所に、「身代わりになった焼け銀杏《いちょう》の木」で知られる飛木《とびき》稲荷神社がある。現在の地番でいえば墨田区押上二丁目三九番地六号。

三月十日のこの日、三方が火炎に包まれたが、この稲荷神社の銀杏の木が、自身は黒焦げになりながらも背後にある民家への類焼《るいしょう》を防いだ美談が、境内《けいだい》の由緒書《ゆいしょがき》に記されている。

樹齢《じゅれい》六百年といわれる幹の太さは、周囲四・八メートル、高さは上部が焼け落ちて、現在は十五メートルしかない。木肌《きはだ》はすっかり炭になり、戦後の風雨の中で風化してしまい、今は黒板のようにツルツルになっているが、根本から元の幹に寄り添うように、新しい幹が雄々しく再生した。「墨田区保護樹林」に指定された歴史の生き証人は、夏には緑の葉に覆われている。

■天皇が視察に来た富岡八幡宮

門前仲町と隣り合わせに、富岡八幡宮がある。地下鉄「門前仲町」から永代通りを東の木場方面に向かってすぐの所にある深川不動を過ぎると、左手の富岡一丁目にある神社である。

鳥居をくぐると左手に、江戸時代に日本地図を作った伊能忠敬《いのうただたか》の像がある。深川界隈に住居を構え、測量の旅に出かける際は安全祈願に、必ず参拝に訪れていたといわれ、文人墨客《ぶんじんぼっかく》とも縁が深い神社である。

東京大空襲から八日が過ぎた三月十八日、被害がとくにひどかった深川方面を視察した天皇は、本殿を焼失し、鳥居《とりい》に生々しい痕跡《こんせき》を遺したこの富岡八幡宮に立ち寄った。

付近を大股《おおまた》で歩く天皇の姿や、境内で大達《おおだち》内相から被害状況の説明を受けている場面は、前出の警視庁カメラマン石川光陽が撮ったものである。

同行した藤田尚徳《ふじたひさのり》侍従長（元海軍大将）が戦後に綴った『侍従長の回想』によれば、天皇は視察の帰り道、こう漏《も》らしたそうだ。「大正十二年の関東大震災の後にも、馬で市内を巡ったが、今回の方がはるかに無惨な感じだ。あの頃は焼け跡といっても、大きな建物がなかったせいだろうが、それほどむごたらしく感じなかったが、今度はコンクリートの残骸などが多くて、一段と胸が痛む。侍従長、これで東京も焦土になったね」。

本当は空襲直後の現状を見たいと望んだのだが、軍の反対でやっと八日後に実現したのだそうだ。天皇は遺体の後片付けが済んだ街を見たかったのではなく、ありのままの光景を見たかったのである。

その間に径路《けいろ》を清掃《せいそう》して覆い隠そうとしたが、深川周辺は掘割りが多く、まだ死体が次々に流れてくる状態だったから、橋を渡るときは車のカーテンが閉められてしまったそうである。

それでもカメラマン石川光陽は、

「御途次小名木川《おなぎがわ》橋にても御下御あらせられ、四方にひろがる罹災地約五分間御展望遊ばされし趣を宮田警務部長より拝承、その大御心《おおみごころ》に感泣した」と書いている。

現人神《あらひとがみ》に向けられた、当時の日本人の平均的捉え方とはいえ、現代の感覚でいえば人工的な感じを禁じえない。

「陛下には本当のありのままを見ていただければ、終戦が早まったのでは」と、前出狩野光男は言うが、私も同感である。

当日、天皇の巡行径路を御料車より先にサイドカーで走っていた石川光陽は、巡行を知った罹災者《りさいしゃ》たちが、道路の両側で土下座している痛々しい光景を目撃する。

だが肉親を失い、家を焼かれ、焼けただれた顔にボロを身にまとった民の声は、

「陛下しかこの戦争を止めることができる人はいないのです。どうか一日も早くご決

断を！」だったはずである。

だが「どこかで一撃を加えてからでないと、講和は難しい」という、その頃の発言記録もあるように、天皇が有利な条件で早期講和の機会を窺っていたのは事実だが、それでも優柔不断のそしりは免れない。

終戦に持ち込むタイミングは、①今すぐ、②できるだけ早期に、③機会を見て、の三つのうち、天皇の内心は②と③を合わせたものだったはずである。天皇だけに負わされた皇統が、脳裏を占めていたようである。

■東京大空襲の跡が語るもの

家族と湘南地方の田舎に疎開していた私は、東京大空襲を知らない。

それでも、昭和二十年五月二十九日の横浜大空襲はよく覚えている。その日は朝から空一面に青空が広がっていた。

庭に出ると、銀色したB29の大編隊がゴーッ、ゴーッという地獄の底から吼えるような金属音を響かせてわが家の上空に飛来した。次から次へと後続部隊がやってきては東の方に去っていく。その先には横浜、川崎、そして東京がある。

するとまた、次の編隊が現れ、空一面を覆いつくし、あたりを薄暗《うすぐら》くさせては去っていく。

それからどれくらい時間がたっただろうか。気がつくと原爆投下のあとのような巨大な白いキノコ雲が二つ、青空の中に音もなくモクモクと湧《わ》き上がっているのが見えた。

あの日、B29の大編隊は午前九時二十二分から、横浜上空で襲いかかった。このときも無差別絨毯《じゅうたん》爆撃であった。

その凄まじさは、投下された焼夷弾の量が、東京大空襲の一・二倍以上に当たる二千五百七十トン、四十三万八千五百七十六発であったことが物語っている。

この日出撃したB29爆撃機も、東京大空襲のときの三百二十五機より多い、五百十七機とP51戦闘機百一機による機銃掃射《きじゅうそうしゃ》が加わった。

結果は、人口の三分の一に当たる三十一万人が被災し、推定八千～一万人が死亡したと記録にあるが、東京大空襲の死者十万五千人に比べて十分の一以下であった。東京のように深夜に空襲を受けたのではなく、白昼だったからである。

避難ルートが確認しやすかったことに加え、横浜には隅田川のような大きな川もなく、掘割りも少ないから、いっぺんに橋に人間が集中しなかったせいだろう。

B29は両翼四十三メートル、胴体二十九メートルの巨大な爆撃機。各機それぞれ六トン余りの焼夷弾を抱え、三月十日に三百二十五機が東京に投下したのは合計二千トンである。

焼夷弾はM69型といわれるもので、重量は二・三〇キロ。中身はナフサにナパームという粘着剤を加えてゼリー状にし、その中に三十八個の焼夷弾が入っていた。これは投下後数秒で、外側の枠が外れ、地上に落下すると飛び散って火を噴く構造になっていた。

被災者の多くが、「空からねっとりした、雨のようなものが降ってきた」「ガソリンのような臭いがした」と言っているのはそのためだが、消防のホースやバケツリレーで水をかけても、火は広がるだけで消えることはなかった。これを木造家屋の上にばらまかれたのでは、たまったものではない。米側はこの爆弾を開戦直後から日本爆撃のために研究・実験をへて、大量生産に入っていたのだ。

それが戦争とは無関係の女や子供、老人のような無辜《むこ》の住民の頭上にバラまかれた。そして炭のように変わり果てた姿になった人たちの映像はどれも、「いったい誰がこんな国にしたのだ……」と、呪っているようにみえる。

あの夜、B29の機内で冷静に投弾装置のスイッチを押した搭乗員が英雄として表彰され、八月六日の原爆投下が〝成功〟したその日、開発にかかわった科学者たちは、祝賀パーティーに興じた。

自分たちの設計通りに爆発し、計算通りの殺傷能力を発揮したことのお祝いだったそうだ。(「天声人語」)。

謝肉祭気分の酒はさぞかし美味かっただろうが、人間をそうさせてしまう戦争は呪《のろ》われるべきである。もっとも一人の若い科学者は会場を出ると、木陰《こかげ》にもたれて嘔吐《おうと》したそうだから、これはまともである。

だがこれは米軍人や科学者たちの話。では、あそこまで徹底して日本を潰《つぶ》しにかかったホワイト・ハウスの意図は何か。

真珠湾《しんじゅわん》の報復というよりは、来たるべき共産主義陣営と対決するための前線基地として、日本を不沈空母化する以外の何物でもなかった。今の日本、とくに沖縄の現状がそれを物語っている。そして東京大空襲も原爆も、ソ連に見せつけるためのデモンストレーションでもあったに違いない。

いま永代橋、言問橋も菊川橋も、何事もなかったように、車や人がひっきりなしに通り過ぎていく。いつも見慣れた当たり前の光景である。

夕暮れが迫った言問橋の向こうに聳《そび》える、スカイツリーに灯《ひ》が燈《とも》った。もしかしたらこの言問橋も、目の前に佇む空襲慰霊碑も、豊かで平和な姿を喜んでいるに違いないと思われた。「みんなバラバラになることもなく、心を一つにして、よくここまで頑張ったなあ」と。

その一方で、核保有国の力のバランスで平和が保たれているように、行き過ぎた文明の危うさと、戦争のような人間の愚かさの再現を、密かに案じているのかもしれない。ふとそう思えたのである。

豊かさにも、人間が超えてはならない境界線がある。ギリシャ神話のヘラクレスの柱も、人間世界の領域を神の側から規定した境界線だった。「ここからは入るべからず」という、ボーダー・ラインである。

ダンテの『神曲』では、英雄オデッセウスが、そのラインをまさに越えようとしているところで嵐に合い、海の深い淵に飲み込まれていったではないか。

あとがき

近年、映像や書物で東京の昭和が語られる機会が多くなったのは、それだけ「昭和は遠くなりにけり」になってきたせいだろう。そしてあの時代の「体験の記憶」が「歴史」の領域に入ってしまう日も、遠からずやって来る。

明治を右上がりだった英賢《えいけん》の時代、あるいは司馬遼太郎が言ったように、「清廉で透き通った〝公〟感覚と道徳的緊張をもった偉大な時代」だとすれば、そのあとの橋わたしを演じた短い大正をへた、昭和とはどんな時代だったのか。

そもそも「昭和」は、四書五経のひとつ「書経《しょきょう》 尭典《ぎょうてん》」の中の、「百姓《ひゃくせい》昭明《しょうめい》、協《きょう》和萬邦《わばんぽう》」からそれぞれ一字を採った、あくまでも昭《あか》るく、世界と和した時代を願って命名されたのだそうだ。

ところが、これがまったく逆になって、戦争一色の昭和前期であった。明治のツケが回った失速と破滅、眉間にシワを寄せ、一億総ヒステリックになっていた時代ということにもなろう。

その根底にあったのは満洲だが、そこを発生源にした激流の中を、日本人は必死で泳いでいたのだ。

いま東京の街を歩いていると、あの時代を想起させるものはほとんどない。だがそれは、足早に歩く習性が身についた日本人には気がつかないだけか、あるいは無視しているだけのことで、よく目を凝らして見ると、そこに懸命に生きていた人々の熱い思い入れ、荒い息遣いが聞こえてくる。

東京の昭和を見つめ直す試みには、欧米の知日派の人間たちの見方も参考になった。昭和七年六月から日米開戦後の昭和十七年六月まで十年間、東京にあった駐日米大使ジョセフ・グルーは、日本人の資質について、「皇室を崇拝し、正直で勤勉で、どんな貧しい食事や佇まいにも耐え、スパルタ的能力と高い道徳を身につけている一方で、面子にこだわる誇り高い民族」と、本国に報告していた。

グルーは二・二六事件で襲撃された鈴木貫太郎や斎藤實とは、事件の前夜遅くまで大使館で歓談していたほど親しい間柄だった。だが決起した青年将校たちの行為を非難しつつも、「一部の裕福な人間たちが、貧しい人たちから搾取している社会を変えようとした志の中に、ロジカルな真実が見えている」と言っていた。日本の実情を見つめ、情報収集して得た結論だろう。

ドイツ人のゾルゲ（母はロシア人）は、一年も前から二・二六事件の勃発を予想していたし、日本軍閥の動向から、庶民生活の内情まで鋭い視線を送る一方で、日本の古典文学を好み、奈良や京都の仏教文化にも造詣《ぞうけい》が深かった。そのためか、「現代の日本人は、思想が落ちている」と言っていた。

ゾルゲの部下ブランコ・ド・ヴケリッチも、能や歌舞伎を深く勉強していたし、武士道、伝統文化を評価しつつも、目の前に繰り広げられている激動の昭和を見つめる視点は鋭かった。

ニューヨーク・ヘラルド・トリビューン紙の東京特派員ジョセフ・ニューマンの場合は、本来の取材活動を逸脱したスパイ活動もしていたことが明らかになっている。彼の著書『グッバイ・ジャパン』（朝日新聞社）の中に、諜報活動の一端を明かしているが、アメリカ海軍情報局が送り込んでいた諜報員エリス・ザカリアスの活動を見ても、当時の日本が丸裸にされ、ときに踊らされていた事実に驚くばかりである。

彼ら知日派の外国人たちは、日本人はこのままでは畳《たたみ》の上で死ねないのではないか、と危惧していたことが東京大空襲で証明されたことには、驚きを禁じ得なかった。

そんな指摘に刺激を受けながら、時には「あの事件の跡は今どうなっているだろう」と考えながら、東京の昭和の痕跡を探索する試みに、私は心が躍る心持ちになった。事件の現場は、極限状態に置かれた人間の行動の結果であるから、とてつもないエネルギーが爆発した痕跡《こんせき》、怨念《おんねん》が宿っているのだろう。現場に佇む私には、彼らの熱いメッセージやオーラが伝わってくる気がするのである。二・二六事件で刑死した将校の遺族がいみじくも言っていた、「今なお、彼らの霊の力が作用しているように思われてならないのです」の一言は、印象的であった。

こうして私は、普段見慣れた何げない光景の中に、かつてそこに起きた事件や出来事とかかわった人間たちと、対話する楽しさを知ったのである。

太田尚樹

二〇一五年一月

日本音楽著作権協会
(出)許諾第1500766-501号

青春文庫

昭和史《しょうわし》の現場《げんば》

東京《とうきょう》をめぐる新《あら》たなる謎《なぞ》の発見《はっけん》

2015年 2月20日 第1刷

著　者　太《おお》田《た》尚《なお》樹《き》

発行者　小澤源太郎

責任編集　株式会社プライム涌光

発行所　株式会社青春出版社

〒162-0056 東京都新宿区若松町 12-1
電話 03-3203-2850（編集部）
03-3207-1916（営業部）
振替番号 00190-7-98602

印刷／大日本印刷
製本／ナショナル製本
ISBN 978-4-413-09614-0
©Naoki Ohta 2015 Printed in Japan
万一、落丁、乱丁がありました節は、お取りかえします。

本書の内容の一部あるいは全部を無断で複写（コピー）することは著作権法上認められている場合を除き、禁じられています。

ほんとうのあなたに出逢う　青春文庫

日本史は「線」でつなぐと面白い！

2時間でスッキリ！
記紀の時代から源平、戦国、明治維新…
知らなかった〝歴史のツボ〟が見えてくる！

童門冬二

(SE-612)

心がどんどん明るくなる！お釈迦さまの言葉

なんだ、こう考えればよかったのか。
シンプルなのに毎日がガラリと好転する
「生き方の処方箋」

宝彩有菜

(SE-613)

昭和史の現場

東京をめぐる新たなる謎の発見

首相官邸、東京駅、日比谷公園…
謎の痕跡からたどる、
スリリングな歴史探索の旅。

太田尚樹

(SE-614)

ひと目でわかる！賢い犬の育て方 困った犬の育て方

ワンコから信頼されるようになるのはどっち？
カリスマ訓練士が、犬の習慣や学習能力に
合った○と×の育て方をイラストで解説。

藤井　聡

(SE-615)